Knaur

Über den Autor:

Stefan Maiwald, geboren 1971, studierte Politikwissenschaften und schrieb als freier Journalist unter anderem für *Tempo, TAZ* und die *Süddeutsche Zeitung.* Stefan Maiwald lebt in München und arbeitet bei *Playboy.*

STEFAN MAIWALD

Unter Mitarbeit von Dr. Stefan Rieß

Ungelöst

Unglaubliche Verschwörungstheorien
von A wie Anastasia
bis Z wie Zeppelin Hindenburg

Knaur

Besuchen Sie uns im Internet:
www.droemer-knaur.de

Originalausgabe März 1999
Copyright © 1999 bei Droemersche Verlagsanstalt
Th. Knaur Nachf., München
Redaktion Ilse Wagner
Umschlaggestaltung Agentur Zero, München
Umschlagfoto AKG, Berlin
Satz MPM, Wasserburg
Druck und Bindung Elsnerdruck, Berlin
Printed in Germany
ISBN 3-426-77404-6

2   4   5   3

Inhalt

Vorwort

Die Berge sind erklommen, der Himmel ist erobert; die Tiefen der Ozeane sind beinahe ausgelotet, die unendlichen Weiten des Weltraums endlich geworden. Wir wissen, daß Blitz und Donner keine Strafen der Götter sind. Wir wissen, daß Dinge fliegen können, die schwerer als Luft sind; wir wissen, daß der Mond ein öder Trabant ist, der von der Sonne erhellt wird.

Die Menschheit erlebt eine permanente Entzauberung. Die großen Mythen haben längst profanen Erklärungen Platz gemacht. Das Rätselhafteste, das dem modernen Menschen begegnet, ist das Formular zur Steuererklärung.

Und doch: War da nicht noch etwas? Da hinten, in der Ecke? Ein Schatten wenigstens? Kann es wirklich sein, daß alles so klar ist, so glattgeht, so reibungslos verläuft? Gibt es hinter all der Langeweile und Wohlgefälligkeit nicht doch etwas Brodelndes, etwas Böses gar? Wo sind sie geblieben, die heimlichen Herrscher, die sinistren Bünde, die mysteriösen Unglücksfälle?

Verschwörungstheorien nehmen in dem Maße zu, in dem unser Leben faßbarer und rationaler wird. Rationaler – und auch komplexer. Für die meisten Menschen sind wirtschaftliche Prozesse und politische Entscheidungen genausowenig durchschaubar wie ihr Computer, von der modernen Physik, Chemie oder Gentechnik ganz zu schweigen. Was liegt also näher, als den Tod charismatischer Hoffnungsträger wie Kennedy oder Diana mit dem Wirken böser Mächte zu erklären?

Wer will schon glauben, daß Schiffe und Flugzeuge einfach aufgrund technischer Defekte verunglücken? Ein Anschlag irgendwelcher Dunkelmänner ist eine einfachere Erklärung und befriedigt en passant zutiefst menschliche Bedürfnisse: Man grenzt das Böse ein, und man weiß sich auf der richtigen Seite. Das bringt Ordnung in eine chaotische Welt. Daher liegen Verschwörungstheorien so nahe bei anderen großen Vereinfachungsmechanismen, etwa abstrusen Rassenlehren. Das Motto: Lieber eine falsche Sicht der Dinge als die kaum zu durchschauende Wirklichkeit.

Auch der Verdruß mit den Herrschenden, der besonders in den diesbezüglich stilbildenden Vereinigten Staaten seit den sechziger Jahren, spätestens seit den siebziger Jahren zunimmt, ist ein nährreicher Boden für jeglichen Konspirationsverdacht. Gemunkelt wurde zwar schon früher. Wer tötete Mozart? Wer war Kaspar Hauser? Doch geballt treten Verschwörungstheorien erst in den siebziger Jahren auf: JFK, Martin Luther King, James Hoffa, Aldo Moro – und zwar zeitgleich mit den ungeheuren Skandalen wie Watergate, die der Demokratie ihre Glaubwürdigkeit raubten. Achtzig Prozent aller Amerikaner glauben heute noch, daß John F. Kennedy einer Verschwörung zum Opfer fiel.

Inzwischen scheinen Verschwörungstheorien nachgerade zum Normalfall zu werden: Obwohl doch alles so deutlich ist, glaubt die Mehrheit der Briten bereits, Diana sei einem Anschlag zum Opfer gefallen. Eine zynische Frage drängt sich auf: Wie hätte sie sterben müssen, damit keine Verschwörungstheorie aufkommt? Die Antwort: uralt.

Aber nicht nur Jugend ist Voraussetzung für eine prosperierende Konspiration. Weitere wichtige Ingredienzen:

1. Verschwörungstheorien brauchen Demokratie.
   Nur in dieser Staatsform können die Theorien prächtig gedeihen. Denn eine Diktatur ist gewissermaßen eine permanente Verschwörung: ein Zirkel Mächtiger gegen eine Masse Ohnmächtiger. Dazu kommt, als technische Voraussetzung, die Presse- und Meinungsfreiheit – in der Demokratie können sich Verschwörungstheorien besser ausbreiten. Daß Medien von (vermeintlichen) Enthüllungen profitieren, ist klar.
2. Verschwörungstheorien brauchen Resonanz.
   Die CIA tötete Kennedy. Das ist eine Verschwörungstheorie, weil hinreichend viele Menschen ernsthaft an sie glauben. *Bielefeld existiert nicht; es ist ein geheimer Ort, an dem Kennedy versteckt gehalten wird, bis die Ufos kommen, um ihn abzuholen.* Das ist keine Verschwörungstheorie, weil nur ein bis drei Freaks ernsthaft daran glauben.
3. Verschwörungstheorien brauchen Tote.
   Logisch. Mindestens einen, und zwar möglichst einen prominenten. Weil nicht sein kann, was nicht sein darf, scheiden Prominente, die Idole unserer Zeit, nicht einfach so dahin.
4. Verschwörungstheorien brauchen neue Medien.
   Verschwörungstheorien nehmen in dem Maße zu, wie sich ihre Verbreitung beschleunigt. Gerade im Internet funktionieren Verschwörungstheorien wie »Stille Post«: Einer legt

los, und am anderen Ende kommt etwas heraus, was nur noch entfernt mit dem Ursprung zu tun hat. Gern werden auch verschiedene Theorien zusammengefaßt und diffundieren als Permutationen ins Unendliche.

Nur weniges zieht sich so deutlich durch die Geschichte der Menschheit wie Glauben, Sexualität und Verbrechen. Und ob Verschwörungstheorien nun einen wahrhaften Kern haben oder bloße Verdächtigungen sind: Jede Epoche hat die Verbrechen, die sie verdient.

Wolfgang Amadeus Mozart

Ein Jahrtausend-Genie stirbt nicht einfach an »hitzigem Frieselfieber«, wie es das amtliche Totenbeschauprotokoll bekundete. Zwar holen die Götter diejenigen, die sie lieben, stets jung zu sich – stets aber unter dramatischen Umständen.

Nicht nur Mozarts früher Tod ist umrankt von Mythen, Legenden, Spekulationen und wissenschaftlichen Traktaten – auch sein Leben ist eingepackt in Wattebäusche gnädiger Halbwahrheit. Am zweiten Tag seines Daseins wurde er am 28. Januar 1756 ins Taufbuch von St. Peter in Salzburg auf die Namen Johannes Chrysostomus Wolfgangus Theophilus eingetragen. Sein Rufname war Wolfgang, zu Hause wurde er Wolferl genannt. Mit vierzehn Jahren beschloß er, dem Wolfgang einen Amadeus anzuhängen. Der klang als Künstlername schöner als Theophil, bedeutet aber dasselbe: Amadeus (lateinisch) oder Theophil (griechisch) – auf deutsch heißt beides Gottlieb.

Der Status des Wunderkindes war nicht ganz unumstritten. Zum einen zog im Europa des 18. Jahrhunderts herdenweise begabtes Jungvolk, angetrieben von ehrgeizigen Vätern, von Fürstenhof zu Königshof zu Fürstenhof – es gab einen regelrechten Wunderkind-Boom. Zum anderen drillte ihn sein Vater Leopold seit dem vierten Lebensjahr: Fünf Stunden

Klavierunterricht pro Tag waren das Minimum, oft ging es schon vor dem Frühstück los. Kein Wunder, daß Mozart bereits als Sechsjähriger selbst komponierte. Musikwissenschaftler Dietmar Holland: »Der Komponist Mozart ist nicht vom Himmel gefallen, obgleich wir gern daran glauben möchten.«

Auch verarmt war er keineswegs, der Wahl-Wiener: Er kassierte rund dreitausend Gulden im Jahr, nach heutigem Kurs etwa hundertzwanzigtausend Mark – ein Besserverdienender. Zyniker bemerken gern, daß er gar Milliardär gewesen wäre – quasi ein Andrew Lloyd Webber seiner Ära –, hätte das heutige Copyright-Recht damals schon gegolten. Allerdings konnte Mozart mit Geld nicht umgehen. (Offenbar ein Manko deutschsprachiger Komponisten: Wagner etwa schnorrte viele seiner Gönner nahezu in den Ruin.) Mozart aß gern, gut und viel und bewirtete freigebig Gäste; er kleidete sich edel und finanzierte die kostspieligen Reisen seiner Frau.

Sein Tod jedoch bleibt ein Mysterium. Bereits im Sommer 1791, augenscheinlich bester Gesundheit, vermutete Mozart: »Ich glaube, ich bin vergiftet worden.« Auch die Tatwaffe glaubte er zu kennen: Das populäre Aqua Toffana, eine farb-, geruchs- und geschmacklose Mischung aus Arsen, Bleiweiß und Antimon. Seit September 1791 mußte er des öfteren tagelang das Bett hüten. Anfang November gestand er seiner Konstanze bei einer Fahrt in den Prater: »Mit mir dauert es nicht mehr lange, gewiß hat man mir Gift gegeben – ich kann mich von diesem Gedanken nicht losmachen.« Immerhin war der Giftmord bis zum 18. Jahrhundert ein modisches Verbrechen: An manchen Höfen war Gift ein Requisit »fast wie Blumen oder Edelsteine«, wie Mozart-Biograph Heinrich Eduard Jacob anmerkt. Am 18. November 1791 dirigierte

Mozart noch öffentlich eine Kantate, zwei Tage später wurde er endgültig bettlägerig. Er bekam Ödeme an Armen und Beinen. Man nähte ihm Nachtjacken, die er, da er mit den Händen nicht mehr an den Rücken reichte, vorn zuknöpfen konnte. Weitere, sicher belegte Symptome: Kopfschmerz, Schlaflosigkeit, Vergiftungsgefühl und Erbrechen. In den letzten Stunden machte sich offenbar auch eine Dyspnoe bemerkbar: die finale »große« Atmung, die von Mozarts Umgebung für das Markieren der Pauken gehalten wurde, während er jenes geheimnisvolle Requiem komponierte. Die Haushälterin Sophie Haibl schilderte die letzten Minuten von Mozarts Agonie: »Closset, der Doktor, wurde lange gesucht, auch im Theater gefunden; allein, er mußte das Ende der Pièce abwarten. Dann kam er und verordnete ihm noch kalte Umschläge über seinen glühenden Kopf, die ihn so erschütterten, daß er nicht mehr zu sich kam, bis er verschied. Sein Letztes war noch, daß er mit dem Munde die Pauken in seinem Requiem ausdrücken wollte. Das höre ich noch jetzt . . .«

Das Geheimnis des Requiems wenigstens ist aufgeklärt: Graf Franz von Walsegg, ein Dilettant, der über ausreichend Geld verfügte, brauchte die Totenmesse für seine kürzlich verstorbene Frau. Da er als der Verfasser gelten wollte – eine ärgerliche, aber übliche Bedingung bei damaligen Auftragsarbeiten –, hatte er einen Boten geschickt, der Mozart von diesem Wunsch unterrichtete und seinen Herrn nicht nannte.

Dennoch: Eine schauerliche Koinzidenz, daß Mozart über einer Totenmesse starb – und der Gedanke an den düster gekleideten, leise und mahnend sprechenden Boten schien ihm als Vorsehung des eigenen Todes. Mozart schrieb seinem Librettisten Da Ponte: »Ich sehe ihn ohn Unterlaß. Er bittet mich, er drängt mich, er verlangt die Arbeit von mir . . .«

Durch wessen Hand starb Mozart? Bereits zwei Tage nach seinem Tod blühten die Spekulationen im klatschversessenen Wien. Ehefrau Konstanze feuerte die Gerüchteküche an: »Er hatte viel mitleidslose Feinde, die ihn in den Tod jagten.«

Die populärste Theorie lautet: Antonio Salieri, Lehrer Beethovens und Schuberts, Erster Kapellmeister am Wiener Hof und Vertreter der italienischen Opernschule, hat Mozart auf dem Gewissen. Seit 1820 mußte sich der alte Mann die Vorwürfe anhören, denn vorher hatte es niemand gewagt, den Ruf des verdienstvollen Wiener Hofkapellmeisters öffentlich anzugreifen. Zerfressen von Neid und Eifersucht sei Salieri auf den Jüngeren, Erfolgreicheren gewesen. Auch nationalistische Argumente werden ins Feld geführt: Der Italiener Salieri verkraftete den Erfolg der deutschen Oper *Zauberflöte* nicht. Historisch belegt ist das Geständnis des senilen Salieri, der 1823, als dreiundsiebzigjähriger, einem Priester beichtete, er habe Mozart vergiftet. Salieris Krankenpfleger Rosenberg und Porsche hingegen bezeugten, daß der inzwischen wahnsinnige Greis alles mögliche phantasierte, doch »Mozarts Vergiftung« war nicht darunter.

Gegen die Salieri-Theorie spricht, daß Salieri finanziell viel erfolgreicher war als Mozart, und sein Ansehen bei seinen Zeitgenossen war zumindest ebenso groß. Die Tragödie vom Mittelmäßigen, der das Genie des anderen erkennt und sich für die ungerechte Verteilung der Talente rächen will, ist ein großartiger dramaturgischer Kunstgriff – aber durch nichts abgesichert.

Salieri selbst allerdings tat alles, um sich bei seinen Zeitgenossen verdächtig zu machen – nämlich nichts: Er schwieg beharrlich. Kein Brief und auch kein anderes Zeugnis von Salieris Hand ist bekannt geworden, in dem von Mozart die

14

Rede wäre. Rossini, der den über vierzig Jahre älteren Kompo-nisten-Kollegen 1822 in Wien besuchte (und das nur deswe-gen tat, weil er an den zurückgezogen lebenden Beethoven herankommen wollte), konnte seine Neugier nicht zügeln und fragte Salieri, eher im Scherz, nach dem frühen Tod Mozarts und den Gerüchten um einen Giftmord. Rossini berichtete, Salieri habe höflich und gelassen reagiert und etwas derart weit Hergeholtes nicht kommentieren wollen. Dennoch, vermutet Richard Armbruster in seinem Aufsatz *Salieris Schweigen*, werden die bald einsetzende Mozart-Be-wunderung und die Verdächtigungen den alten Salieri getrof-fen haben. Selbst die Schüler des Hofkapellmeisters waren Mozart verfallen; sein Kompositionsstudent Franz Schubert schrieb glühende Liebeserklärungen in sein Tagebuch und beschäftigte sich viel intensiver mit Mozarts als mit Salieris Werken; Schuberts Freund Hüttenbrenner gar bat seinen Lehrer Salieri darum, ihm Mozarts Sterbehaus zu zeigen. Nein, Salieri sprach nicht gern über Mozart. Der Musikredak-teur Friedrich Rochlitz mußte 1822 hartnäckig nachfragen, bis Salieri gestand, daß er von den Opern Mozarts den *Figaro* am meisten schätze. Hüttenbrenner dazu: »Soviel ich weiß, hat Salieri nur eine Aufführung des *Don Juan* versäumt. Dieses Werk muß ihn absonderlich interessiert haben; ich wüßte aber nicht, daß er sich je darüber enthusiastisch ausge-sprochen hätte.«

Für echten Konkurrenzneid zwischen Mozart und Salieri spricht einiges. Mozarts italienische Opern mußten sich am Spielplan in Wien zwar nicht nur gegen die Werke Salieris durchsetzen, sondern auch gegen die Paisiellos, Cimarosas und Martins. Mit Salieri aber verband Mozart der Umstand, daß beide die einzigen erfolgreichen Komponisten von italienischen Opern waren, die in Wien lebten. Besondere gegenseitige Beachtung fanden die Werke auch deswegen, weil beide für dieselben Sänger schrieben. Jeder versuchte, die Sänger auf seine Seite zu ziehen, denn auch von deren Wohlwollen hing es ab, wie der Wettkampf der Uraufführungen entschieden wurde.

Sieben Jahre nach Mozarts Tod hat Salieri den gemeinsamen Wiener Jahren ein Denkmal gesetzt. Seine *Opera comica Falstaff*, die am 3. Januar 1799 im Wiener Kärntnerthortheater Premiere feierte, besteht zu gut einem Drittel aus Zitaten und Anspielungen auf Mozarts Kompositionen *Figaro*, *Don Giovanni* und *Così fan tutte*. Setzt man seinem Erzfeind ein – wenn auch verschlüsseltes und nur für Experten zu durchschauendes – Denkmal? Wohl kaum.

Die bizarre Dr. Mathilde Ludendorff, fanatische Ehefrau des Weltkrieg-I.-Feldherren und späteren Hitler-Förderers, behauptete, Freimaurer hätten Wolfgang auf hinterhältige Weise ermordet. Grund: Der damalige Dritte Kapellmeister des Wiener Hofs habe in seiner 1791 uraufgeführten Oper *Die Zauberflöte* in nur leicht verschlüsselter Form zuviel über die Rituale der Freimaurer ausgeplaudert. Nur: Warum hätten sie sich ausgerechnet Mozart als Opfer ausgesucht und nicht den Textautoren Schikaneder (der allerdings kein Freimaurer war) oder den Mitautoren (und Freimaurer) Giesecke, die beide eines natürlichen Todes starben?

Für die Anhänger der »Jesuiten-Theorie« steht fest, daß die Jesuiten Mozart quasi aus dem gleichen Grund wie die fanatischen Logisten umbrachten: Er sei ein zu exponierter Propagandist des vom Heiligen Vater mit dem Bannfluch belegten Freimaurertums gewesen. Gewagt, aber den Jesuiten traute man offenbar alles zu: Auch Papst Klemens XIV., der Wolfgang Amadeus Mozart 1770 zum *Sperone d'oro*, zum Ritter vom Goldenen Sporn, ernannte, soll von den Jesuiten getötet worden sein. Am 21. Juli 1773 unterzeichnete Klemens das *Breve Dominus ac redemptor noster*, worin er *ex plenitudine potestatis Apostolicae*, aus der Fülle seiner Apostelmacht, den Jesuitenorden verbot. Seit diesem Tage kränkelte er. Als er bald darauf starb, wohl an der Schwindsucht, schrie man aus, der Heilige Vater sei von den Jesuiten vergiftet worden. Die Leiche sei so schnell verwest, daß man nicht habe wagen können, sie in Prunkgewändern auszustellen. Klemens' Leibarzt Salicetti versuchte, mit einem protokollierten Eid das Gerücht aus der Welt zu schaffen. Ohnehin werden die Jesuiten gern herbeizitiert, wenn es um die große Verschwörung geht – aber warum sie nun ausgerechnet Mozart ermordet haben sollen, erschließt sich keiner ernsthaften Überlegung.

Ebenfalls im Kreis der Mordverdächtigen: Mozarts Untermieter und Kompositionsschüler Franz Xaver Süßmayr. Der 25jährige soll ein Verhältnis mit Konstanze gehabt haben. Tatsächlich fuhren Süßmayr und Konstanze in Mozarts letzten drei Lebensjahren jeden Sommer gemeinsam nach Baden. Als im Juli 1791 Mozarts sechstes Kind zur Welt kam, erhielt es auf Wunsch Konstanzes den Namen Franz Xaver Wolfgang. Verdächtig? Nicht unbedingt: Schließlich war Süßmayr Taufpate. In Briefen Mozarts an seine Frau heißt es: »... (Dein) Hofnarr ...«, dem er tausend tüchtige Ohrfeigen übermitteln ließ, »... der ächte Freund Franz Süßmayr Scheißdreck ... der mich am Arsch lecken soll ...« Eifersucht oder Mozarts typischer Fäkalhumor? In jedem Fall ein gewagtes Unterfangen, daraus eine Mordtheorie zu konstruieren; allerdings verließ Süßmayr die Wohnung am Tag nach Mozarts Tod und sah Konstanze nie wieder. Sie hat sich später bemüht, seinen Namen aus vielen Dokumenten zu tilgen – angeblich aus Rache, weil er die Witwe nicht heiraten wollte. Hauptverdächtiger der neueren Geschichtsschreibung: Der Justizkanzlist Franz Hofdemel, ein Nachbar Mozarts. Hofdemels Frau Magdalena, eine dreiundzwanzigjährige stadtbekannte Schönheit, war Lieblingsschülerin des Komponisten und seit dem Sommer 1791 schwanger. Mozart widmete ihr sein intimstes Klavierkonzert (Köchelverzeichnis 595) . . . Am 6. Dezember 1791 nahm sie im Stephansdom am Trauergottesdienst für den am Tag zuvor verstorbenen Mozart teil. Als sie heimkam, attackierte sie ihr Mann mit einem Rasiermesser. Die Todesschreie alarmierten die Nachbarn, die einen Schlosser holten, der die Tür aus den Angeln heben mußte. Den sechsunddreißigjährigen Hofdemel fand man mit durchschnittener Kehle auf dem Bett, Magdalena lag bewußtlos in ihrer Blutlache »mit Schnittwunden im Gesicht, am Hals, an Schultern und Armen.« Sie überlebte knapp, schwer verletzt und für den Rest des Lebens entstellt.

In Wien gab es keinen Zweifel, daß dieses Eifersuchtsdrama mit Mozarts Tod zusammenhing. Der englische Autor Francis Carr vermutet denn auch Franz Hofdemel als Mozarts Mörder, dessen Selbstmord und Mordversuch an seiner Frau »unter dem Eindruck von Schuldgefühlen und der schrecklichen Vorstellung, sein Verbrechen könnte entdeckt werden«, erfolgt wäre. Rolf Hochhuth schreibt dazu: »Carr . . . unterbaut seinen – sehr überzeugenden – Krimi mit zahllosen Fakten, die nicht als Gerede und Gerüchte abgetan werden können«. Da Hofdemel Mitglied derselben Freimaurerloge wie Mozart war, wäre damit, laut Carr, auch die merkwürdige Zurückhaltung der Bundesbrüder verständlich. »Wenn ein so begnadetes Mitglied der Loge stirbt, darf man normalerweise einen ausführlichen Nekrolog erwarten. Doch im Falle Mozarts veröffentlichte der Theaterdirektor Karl Hensler in den Logenblättern lediglich einen kurzen Lebenslauf. War Mozart vergiftet worden, so konnten die Freimaurer davon gewußt haben, und dies wäre ein gravierender Grund für sie gewesen, kein Wort in dieser grauenhaften Angelegenheit verlauten zu lassen.«

Seit zweihundert Jahren grübeln auch Ärzte über die genaue Todesursache – möglicherweise aus schlechtem Gewissen: Einiges spricht dafür, daß die Roßkur der damaligen Quacksalber (vier Aderlässe in zwei Tagen sowie salzige Getränke und Brechmittel) Mozarts Ableben beschleunigt hat. Im März 1957 erschien in der *Wiener Medizinischen Wochenschrift* ein Aufsatz des Mainzer Arztes Dieter Kerner, der die Todesursache mit »Erethismus mercurialis« – chronische Quecksilbervergiftung – diagnostiziert. »Nach dem Stand der Dinge kann nicht daran gezweifelt werden«, schreibt Kerner, »daß Mozart einer Vergiftung zum Opfer gefallen ist, welche im Sommer 1791 zunächst mit unterschwelligen Dosen systematisch eingeleitet wurde, bevor er schließlich in der zweiten Novemberhälfte die tödliche Restdosis erhielt, so daß Arme und Beine anzuschwellen begannen.«

Der Arzt und Schriftsteller Dr. Till Bastian glaubt zwar ebenfalls an eine Quecksilbervergiftung, behauptet aber, daß bei Mozarts Tod kein Mörder im Spiel gewesen war. Der Komponist habe sich unwissentlich durch das damals populäre Heilmittel Kalomel (Quecksilberchlorid) vergiftet – vielleicht, weil er es täglich gegen Verstopfung nahm. Gerade bei Abführmitteln sei die Gefahr, die Dosis ständig zu steigern, sehr groß. So könne es zu einer schleichenden Selbstvergiftung gekommen sein. Außerdem glaubte das Rokoko, sich mit geringen Quecksilber-Dosen vor Syphilis und anderen »galanten Krankheiten« schützen zu können.

Dr. Aloys Greither, profilierter Mozart-Biograph, zählt 1981 im *Deutschen Ärzteblatt* akribisch die Krankengeschichte auf: »...Katharrhe, Zahnbeschwerden, Anginen. Sie sind bezeugt für die Jahre 1762, 1763, 1764, 1765, 1774, 1781 (wiederholt), 1783, 1790. Als schwere Krankheiten ragen heraus: ein (wohl nicht rheumatisches) Erythema nodosum 1762, zwei Schübe eines akuten rheumatischen Fiebers 1762 und 1766, ein Abdominaltyphus 1765/66, die echten Pocken 1767/68, eine lange schleichende Krankheit von Ende 1769 bis Frühsommer 1771, eine ›schwere Krankheit mit Koliken‹ 1784. 1787 notierte Mozart, daß sein Freund, Dr. med Barisani, ihm in den Jahren zwischen 1782 und 1787 ›zweimal das Leben gerettet‹ habe. Seit 1782 wurde Mozart dicklich. In den letzten Lebensjahren 1789, 1790 und 1791 war er häufig krank, verstimmt, bettlägerig und zur Arbeit nicht fähig. Ab Sommer 1791 verfiel er sichtlich. Die Resistenz, die Mozart den zum Teil sehr schweren Krankheiten gegenüber bewies, wie auch die lange zuvor sich ankündigende Todeskrankheit, machen es recht unwahrscheinlich, daß er, aus seiner vollen Gesundheit heraus, einem epidemischen Fieber erlegen sein soll.« Also doch eine Vergiftung? Nein, Greither kommt zu dem Schluß: »finale Urämie«, eine Harnvergiftung durch Nierenversagen – also ein natürlicher Tod. Greither unternimmt sogar den gewagten Versuch, das Nierenleiden anhand Mozarts Lebensgeschichte als chronisch zu diagnostizieren: Auf seiner ersten Italienreise mit dem Vater von 1769 bis 1771 schrieb Leopold an Frau und Tochter, er sei froh, sie nicht mitgenommen zu haben: »Ihr würdet die Kälte nicht haben ausstehen können.« (26. 1. 1770) Der Sohn zog sich Erfrierungen des Gesichts und an den Händen zu – der einundfünfzigjährige Vater überstand den Winter unbeschadet. Greither, fachlich trocken: »Da aber beide unter nahezu gleichen Bedingungen lebten, muß ein kritisch analysierender Arzt daraus den Schluß ziehen, daß bei Mozart ein anderer körperlicher Status vorgelegen habe.« Insgesamt verhielt sich der vierzehnjährige Wolfgang auffällig: Er ist müde und enorm schlafbedürftig, die Metropolen Rom und Neapel nennt er »Schlafstädte«; er ist apathisch und für einen Pubertierenden ungewöhnlich zurückhaltend im Essen. Vater Leopold lobt diese Zurückhaltung und berichtet, Wolfgang sei trotzdem »fett, lustig und fröhlich«. Der Verdacht drängt sich auf, daß Mozart nicht eigentlich dick, sondern aufgedunsen war. Diese Leidensgeschichte zieht sich durch Mozarts weiteres Leben, und damals dürfte es unmöglich gewesen sein, aus Korpulenz, gesteigertem Durst und den für Nierenkranke typischen Stimmungsschwankungen deutliche Hinweise auf ein chronisches Leiden zu erkennen.

Anfang der neunziger Jahre tauchte die letzte und reichlich abenteuerliche Theorie auf: Mozart sei an einem Schädelbruch gestorben. Das will der französische Anthropologe Pierre-François Puech nach Untersuchungen am mutmaßlichen Schädel Mozarts festgestellt haben, der im Salzburger Mozarteum aufbewahrt ist. Auch der amerikanische Neurologe Miles E. Drake von der Ohio State University untersuchte diesen Schädel und veröffentlichte seine Erkenntnisse im Januar 1994 in der renommierten Fachzeitschrift *Neurology*. Drake hatte den Hinweis auf eine Verletzung an der Stirn gefunden. Er schloß daraus, daß diese Verletzung ein Blutgerinnsel hinter dem Schädelknochen gebildet haben könnte, das auf das Gehirn drückte. Belege fand der Neurologe durch eigene Berichte Mozarts, der offenbar im Jahr 1790 oder 1791 gestürzt war. Seitdem beschrieb er seinen Freunden typische Symptome eines Blutergusses: Er reagierte plötzlich empfindlich auf den Gesang seines Kanarienvogels und litt unter schwersten Kopfschmerzen, Schwächeanfällen, Lähmungserscheinungen, Erbrechen, Seh- und Bewußtseinsstörungen. Miles E. Drake entdeckte Risse im linken Schädelknochen. Seine Theorie: Mozart stürzte betrunken zu Boden, schlug dabei mit dem Kopf auf und zog sich einen Bruch in der Schädeldecke zu. Zwischen Gehirn und Schädeldecke bildete sich ein Blutgerinnsel. Dabei sickerte Blut bis unter die harte Hirnhaut. Durch die Gerinnung erhöhte sich der Blutdruck in Mozarts linker Gehirnhälfte – möglicherweise eine Erklärung für die Stimmungsschwankungen, Schwindelanfälle und Depressionen, die ihn immer wieder befielen. Mozart selbst erwähnt 1790 in Briefen an einen Kaufmann »chronische Depression, schwarze Gedanken und Kopfschmerzen«. Seine Ärzte diagnostizierten »Ablagerungen« im Gehirn. »In der Sprache des 18. Jahrhunderts konnte dies ebenso ein Geschwür wie einen Gehirntumor oder ein Blutgerinnsel bezeichnen«, so Drake. Mozart hätte das Blutgerinnsel überleben können. Nach dem Unfall ließen ihn seine Ärzte jedoch sofort zur Ader. Mit dem Riß in seiner Schädeldecke konnte Mozart keinen starken Blutverlust verkraften. Vermutlich, so Drake, erlitt er durch den rapide sinkenden Blutdruck einen Schlaganfall.

Schwachstelle der Theorie: Die Reliquie dürfte nicht einmal mutmaßlich als authentisch gelten. Angeblich hatte derselbe Totengräber, der Mozart im Massengrab verscharrte, den Schädel nach zehn Jahren wieder ausgegraben. Analysen ergaben, daß es sich um den Schädel eines Mannes handelt, der bei seinem Tod zwischen fünfundzwanzig und vierzig Jahre alt war. Die Form, einschließlich der für Mozart typischen hohen Wangenknochen und der ovalen Stirn, ließ sich deckungsgleich auf ein Porträt des Komponisten übertragen – doch vermutlich auch auf tausend weitere Porträts aus der damaligen Zeit.

Ob Mord, Selbstmord, Ärztepfusch oder eine Nierenkrankheit: Mozarts Tod hat ein unheimliches Nachspiel. Im Jahr 1825 bittet die »Händel-und-Haydn-Gesellschaft« von Boston den Bankangestellten und Musikliebhaber Jason Otis, persönlich bei Ludwig van Beethoven in Wien ein Werk in Auftrag zu geben – offiziell. Inoffiziell möchte die Gesellschaft das Geheimnis des Todes Mozarts ergründen. Beethoven, von Otis eindringlich befragt, will nichts von der angeblichen Schuld seines Lehrers Salieri wissen. Um so mehr sind fast alle anderen einstigen Freunde und Verwandten Mozarts davon überzeugt, daß der Maestro das Opfer eines Mordanschlages geworden war. Als ein Beweis gilt für sie die Art, wie der Komponist in einem nicht näher gekennzeichneten Massengrab verscharrt worden war (Beerdigungskosten: 8 Gulden, 36 Kreuzer). Es hatte keine Obduktion gegeben, eine Exhumierung war nicht mehr möglich. Jason Otis trifft fast alle bedeutenden Menschen des Wien von 1825, mißachtet alle Warnungen, seine Nachforschungen einzustellen, und wird schließlich mit seiner Ehefrau in die Donau geworfen. Beide ertrinken.

Kaspar Hauser

Auf dem St.-Johannis-Friedhof in Ansbach findet sich ein Grabstein, der eine goldene, lateinische Inschrift trägt. Sie lautet übersetzt: »Hier ruht Kaspar Hauser, das Rätsel seiner Zeit, unbekannt seine Herkunft, dunkel sein Tod 1833«.
Beinahe gruselige Worte. Tatsächlich bewegte Kaspar Hauser über hundertsechzig Jahre lang die Gemüter in ganz Europa. Golo Mann sprach sogar vom »Schönsten Krimi aller Zeiten«. Ein Badener Herzog verlor damals über der Affäre den Verstand, und Ludwig I., König von Bayern, setzte zehntausend Gulden Belohnung für Hinweise auf den Mörder Kaspar Hausers aus; er beauftragte sogar seine Geheimpolizei, am Badischen Hofe herumzuschnüffeln. Kaspar Hauser gab den Stoff für mehr als zweitausend Druckwerke und vier Filme; zuletzt kam 1993 ein hochgelobter Streifen von Peter Sehr in die Kinos, mit André Eisermann in der Titelrolle.
Der mysteriöse Tolpatsch wurde zum Symbol einer Ära, die gegen die Unterdrückung durch die Aristokratie rebellierte; in den zwanziger Jahren dieses Jahrhunderts, fast hundert Jahre nach Hausers Tod, wählte Kurt Tucholsky »Kaspar Hauser« als Pseudonym für seine antifaschistischen Kolumnen in der Zeitschrift *Weltbühne*. Kaspar Hauser wurde zum

Aushängeschild liberaler Vorkämpfer – und zum liebsten Märchenprinzen der Deutschen.

Seine Geschichte ist überaus rätselhaft. Sie begann am 26. Mai des Jahres 1828, einem Pfingstmontag. Gegen siebzehn Uhr fiel zwei Nürnbergern eine ungelenke Gestalt auf, die sich vom Bärleinhuterberg auf den Unschlittplatz zubewegte. Sie sprachen den jungen Mann an, doch der wiederholte immer nur den einen Satz: »Ä sechtene Reutä möcht i wähn wie mei Vottä wähn is«, also: Ein solcher Reiter möchte ich werden, wie es mein Vater gewesen ist. »Pudelnärrisch« sei die Gestalt gewesen, gaben die zwei Bürger zu Protokoll.

Er hatte einen Brief dabei, der an »Tit. Hl. Wohlgebohner Rittmeister bey der 4ten Esgataron bey 6ten Schwolische Regiment in Nierberg« adressiert war. Mit den Schwolischen waren die Dragoner, die »Chevaulégers« gemeint. Der Fremde wurde zum Rittmeister vom Wessenig geleitet, der die Vierte Eskadron der 6. Chevaulégers befehligte. Im Brief stand in fehlerhaftem Deutsch, daß der Knabe seinem König »getreu dienen« möchte und daß der Absender ihn »Zeit 1812 Keinen Schrit weit aus dem Haus gelaßen« habe. Dem Schreiben war ein weiteres Blatt Papier beigefügt, das eine andere Schrift aufwies – Graphologen sind sich aber sicher, die Schrift stamme von ein und derselben Person, die sich lediglich verstellt habe. Dieser Brief, der sogenannte Mägdlein-Zettel, lautete:

»Das Kind ist schon getauft sie Heist Kasper in Schreibname misen sie im selber geben das Kind möchten Sie auf Zihen sein Vater ist ein Schwolische gewesen wen er 17 Jahre alt ist so schicken sie im nach Nirnberg zu 6ten Schwolische Begiment da ist auch sein Vater gewesen ich bitte um die erzikung bis

25

17 Jahre gebohren ist er im 30 Aperil 1812 im Jaher ich bin ein armes Mägdlein ich kan das Kind nicht ernehren sein Vater ist gestorben.«

Der Jüngling wollte keine Nahrung zu sich nehmen, außer Wasser und Brot. Als ihm Papier und Feder hingelegt wurden, schrieb er in festen Zügen »Kaspar Hauser«. Kaspar wurde in den Gefängnisturm »Luginsland« auf der Nürnberger Burg verfrachtet, freundete sich mit den zwei Kindern des Gefängniswärters Hiltel an und nannte dessen Frau ebenfalls »Mutter«.

Ein Stadtgerichtsarzt untersuchte Kaspar, befand ihn als »weder verrückt noch blödsinnig« und folgerte: »Er ist wie ein halbwilder Mensch in Wäldern erzogen worden, ist zur ordentlichen Kost nicht zu bequemen, sondern lebt bloß von schwarzem Brot und Wasser. Doch ist er geimpft, wie man am rechten Arm deutlich sieht.« Der Stellvertreter des Stadtgerichtsarztes diagnostizierte Abnormitäten vor allem an Bekken und Beinen, aus denen er schloß, Kaspar müsse »viele Jahre hindurch ununterbrochen in sitzender Stellung zugebracht haben«.

Schnell machte die Kunde vom seltsamen Findling die Runde. Neugierige stürmten zum Turm und bestaunten Kaspar Hauser, als wäre er ein wildes Tier. Der Nürnberger Bürgermeister Jakob Friedrich Binder mußte eine »amtliche Bekanntmachung« erlassen und rief zu Mitleid mit dem »Opfer unmenschlicher Behandlung« auf, einem Menschen, der »die höchste Unschuld der Natur« verkörperte.

Schließlich traf ein anonymer Hinweis aus Baden ein, Kaspar Hauser sei der 1812 geborene und angeblich kurz danach

verstorbene Sohn des Großherzogs Karl und seiner Frau
Stéphanie de Beauharnais, einer Adoptivtochter Napoleons.
Anselm von Feuerbach, bayerischer Staatsrat, Gerichtspräsi-
dent und Begründer des modernen Strafrechts, nahm sich des
Findlings an, schrieb das Buch »Kaspar Hauser – Verbrechen
am Seelenleben eines Menschen« und glaubte, sein Ziehsohn
sei Opfer eines »allergreulichsten« Verbrechens geworden.
Feuerbach befreite Kaspar aus dem Polizeigewahrsam und
übergab ihn dem Professor Georg Friedrich Daumer, der ihn
an normale Nahrung gewöhnte, Malen und Schach lehrte
und allerlei Versuche mit ihm anstellte; unter anderem verab-
reichte er ihm Bärlappsporen, die dazu führten, daß Kaspar
Hauser sieben Tage lang jeden Morgen eine Erektion bekam,
worüber er sich bei seinem Ziehvater beschwerte – er wußte
nichts damit anzufangen.

Siebzehn Monate nach seinem Auftauchen in Nürnberg war
Kaspar Hauser Ziel eines Anschlages. Am 17. Oktober 1829
wurde er im Keller des Hauses von Georg Friedrich Daumer
mit einer schweren Kopfwunde aufgefunden. Er sei von einem
schwarzgekleideten Mann attackiert worden, berichtete er.
Dieser Vorfall ließ neue Spekulationen erblühen; manche
sahen den Vorfall als Beweis dafür, daß Kaspar Hauser von
adliger Abstammung war.
Kurz danach tauchte ein englischer Adliger in Nürnberg auf:
Philip Henry 4. Earl of Stanhope, ein Neffe des britischen
Premiers William Pitt und ein windiger Bursche, der an den
europäischen Häusern ein und aus ging und nebenbei ein
wenig spionierte. Er schenkte dem entzückten Hauser allerlei
Spielzeug, während der fassungslose Daumer sich echauffierte
über »die Liebkosungen, welche der Graf dem Findling sogar

öffentlich erwies« und »wie sich der Graf von Hauser küssen und streicheln ließ«. Der Nürnberger Magistrat ließ sich nicht beirren und übertrug dem Lord die Obhut – so sparten die Stadtväter jährlich zweihundert Gulden.

Unterdessen widmete der nichtsahnende Feuerbach seine Schrift »Verbrechen am Seelenleben eines Menschen« »Euer Herrlichkeit« Lord Stanhope und schrieb eine geheime Mitteilung an die bayerischen Majestäten, in der er folgert: »Kaspar Hauser ist das eheliche Kind fürstlicher Eltern, welches hinweggeschafft worden ist, um Andern, denen er im Wege stand, die Sukzession zu eröffnen.« Und auch die Täter will er ausgemacht haben: »Die Feder sträubt sich, diesen Gedanken niederzuschreiben – das Haus Baden.« Feuerbach behauptete: »Unser rätselhafter Findling ist ein vertauschter, ausgewechselter und dann auf die Seite geschaffter Prinz des Großherzogs Carl von Baden und Stephanies, folglich keine geringere Person als der nunmehrige echte Großherzog von Baden selbst.«

Doch warum fiel der Verdacht auf das Haus Baden? Dies war immerhin die Familie, die sogar noch in diesem Jahrhundert so bedeutend war, daß sie den letzten Reichskanzler des deutschen Kaisers stellte, Max von Baden. Letzterer war übrigens überzeugt davon, daß Kaspar Hauser ein Verwandter gewesen sei; er wollte die Gebeine in die Familiengruft überführen lassen.

Hintergrund: Großherzog Karl von Baden hatte mit seiner Frau Stéphanie Beauharnais, einer Adoptivtochter Napoleons, drei Töchter und einen Sohn. Dieser Kronprinz war der letzte männliche Nachkomme des alten Geschlechts der Zähringer. Bei seinem Tod würde die Thronfolge automatisch auf die Söhne der Reichsgräfin Karoline Luise von Hochberg übergehen, der ehrgeizigen Matriarchin einer Seitenlinie der Zähringer. Die ließ nun den gerade geborenen Kronprinzen mit dem nur drei Tage älteren, aber im Sterben liegenden Kind Johann Ernst Jakob Blochmann vertauschen, dem Sohn eines ihrer Bediensteten. Der wahre Kronprinz aber, so will es diese Theorie, wurde abgeschoben und von 1817 bis 1828 auf Schloß Pilsach bei Nürnberg in einem zu kleinen Kellerverlies gefangengehalten. Dieses Verlies wurde bei Renovierungs-arbeiten am Schloß im Jahr 1924 entdeckt.

Großherzogin Stéphanie reiste heimlich nach Ansbach, um Kaspar Hauser zu sehen; sie soll wegen dessen frappanter Ähnlichkeit mit ihrem inzwischen verstorbenen Gemahl Karl in Ohnmacht gefallen sein. Auch die Töchter, die Kaspar ebenfalls gesehen hatten, waren davon überzeugt, daß er ihr Bruder sei.

Am 14. Dezember 1833, kurz nach sechzehn Uhr, stürzte Kaspar Hauser aus dem Ansbacher Hofgarten nach Hause, packte dort seinen Hauswirt Meyer und stammelte etwas von »Mann«, »Messer« und einem »Beutel«, den man finden müsse. Tatsächlich blutete Hauser aus einer Wunde an der Brust. Ein schwarzgekleideter Mann habe ihm zunächst einen Beutel überreicht und ihn dann niedergestochen.

Die Polizei fand am Tatort einen Beutel aus lila Samt, in dem ein Zettel steckte, auf dem in Spiegelschrift stand:

»Abzugeben. Hauser wird es euch ganz genau erzählen kön-nen, wie ich aussehe und woher ich bin. Den Hauser die Mühe zu ersparen, will ich es euch selber sagen, woher ich komme – Ich komme von – der Baierischen Gränze – Am Fluße – Ich will euch sogar noch den Namen sagen: M. L. Ö.«

Drei Tage später, am Abend des 17. Dezember, starb Kaspar

Hauser. Vier Ärzte obduzierten ihn, einer hielt eine Selbstverletzung für möglich; die anderen drei attestierten einen Stoß von einer fremden Hand. Ein Gärtner fand im Schloßgarten die mutmaßliche Tatwaffe, einen zweischneidigen Dolch, doch das war alles, was es an Indizien gab: Nach einem Jahr stellten die Ansbacher Behörden die Ermittlungen wegen Aussichtslosigkeit ein. Im Schloßgarten wurde ein Gedenkstein errichtet, der an das Attentat erinnert: »Hic occultus occulto occisus est« (Hier wurde ein Unbekannter auf unbekannte Weise getötet).

Die damalige Zeit hatte auch ihren Tatverdächtigen: Johann Heinrich David Hennenhofer, Major und Flügeladjutant. 1844 sagte er: »Die heillosen Verdächtigungen in den C. Hauserschen Pamphleten verbittern mir das Leben.« Bis zu seinem Tod 1850 wurde ihm auf der Straße »Mörder, Mörder!« nachgerufen.

Die Hauser-Theorie offenbart jedoch ernste Schwächen: Warum haben die Täter Kaspar Hauser nicht gleich zu Anfang ermordet? Wie und wieso wurde Hauser in Nürnberg ausgesetzt? Warum wurde der Findling dann doch ermordet? Warum hat die Großherzogin Stéphanie Beauharnais, die doch fest daran glaubte, Hauser sei ihr Sohn, zeitlebens geschwiegen?

Hauser, so die überzeugten Hauserianer, wurde nicht ermordet, weil mit der Möglichkeit einer Obduktion gerechnet werden mußte – was ja auch tatsächlich geschah. Der französische Gesandte hatte 1812 auch die Teilnahme eines französischen Arztes gefordert, doch Gift oder ähnliches wurde nicht gefunden; die Ärzte bestätigten die hofamtliche »Stickfluß«-Diagnose – Gehirnblutung mit Erstickungsanfällen aufgrund der Zangengeburt. Mord gilt als Verbrechen, aber das Kind einer nichtfürstlichen Mutter (Stéphanie) vom Thron fernzuhalten, wäre beinahe legitim, jedenfalls in der Logik der damaligen Zeit. Ein lebender Beweis, so die Hauserianer, wäre die beste Garantie für das Schweigen aller am Komplott beteiligter Personen.

Ausgesetzt war Kaspar Hauser angeblich geworden, weil er nach zwölf Jahren Gefangenschaft einfach zu groß geworden war – und die politische Lage hatte sich auch geändert: Ein zähringischer Prinz war als Druckmittel Bayerns gegenüber Baden wertlos geworden, weil sich die fürstlichen Verhältnisse allgemein konsolidiert hatten.

Doch warum hat die Mutter geschwiegen? Ferdinand Mehle, einer der profiliertesten Kaspar-Hauser-Forscher: »Was hätte sie unternehmen können? Als Französin und ehemalige Protegée Napoleons war sie nach dessen Ende und nach dem Tod ihres Mannes am badischen Hof nur noch geduldet. Jede Handlung gegen die Interessen des Hofes hätte zu einer Streichung ihrer Apanage geführt. Ein eigenes Vermögen hatte sie nicht. Sie war abhängig von ihrer Stellung als Mitglied eines regierenden Hauses und den damit verbundenen Privilegien. Von dieser Stellung hing auch die Zukunft ihrer Töchter, also deren standesgemäße Verheiratung ab, die sie sonst hätte opfern müssen. Auch wenn Kaspar Hauser ihr Sohn war, so fehlte doch die enge Mutter-Kind-Beziehung, wie sie normalerweise gegeben ist, sich hier aber aufgrund der Trennung von Geburt an gar nicht entwickeln konnte.«

Es hätte alles so schön sein können, allein: Kaspar Hauser war niemals ein Sproß des Badener Hauses. Er war nie ein Symbol für die Willkürherrschaft des Adels. Der *Spiegel* klärte im

November 1996 den schönsten Krimi aller Zeiten zu großen Teilen auf. Das Hamburger Nachrichtenmagazin organisierte und finanzierte eine DNS-Sequenzanalyse, indem zwei renommierte Institute beauftragt wurden (das Institut für Rechtsmedizin der Universität München und der Dienst für Forensische Forschung des britischen Innenministeriums in Birmingham), die aus dem Blut auf Kaspar Hausers Hose eine geringe Menge Erbmasse gewannen und mit der DNS zweier Nachfahren des Großherzogs Karl-Friedrich von Baden verglichen.

Das Ergebnis: Die auch von den meisten renommierten Historikern für wahr gehaltene Version des Fürstensohns Kaspar Hauser ist nichts als Legende. Der Einspruch gegen diese Analyse ist zaghaft: »Blut nicht vom Prinzen, sondern vom Ochsen?« glaubte *Bild*. Die *Fränkische Landeszeitung* zitierte eine dreiundachtzigjährige Ansbacherin, die als Schülerin in den zwanziger Jahren gesehen habe, wie der Hausmeister des Ansbacher Markgrafenmuseums, in der die Kleidungsstücke lagerten, »ein paar Tröpfle auf die Kleidung Kaspar Hausers schüttete«, er müsse das Gewand von Zeit zu Zeit mit Rinderblut naß machen, »damit es eindrucksvoller aussieht«. Nein. Die (Menschen-)Blutanalyse ergab, daß die beiden Vergleichspersonen nicht mit Kaspar Hauser verwandt sind und er demnach kein badischer Prinz war.

Wer aber ist nun Kaspar Hauser? Neben den aberwitzigsten Theorien – ein unehelicher Sohn Napoleons höchstselbst, ein Urenkel der Kaiserin Maria Theresia – führt eine plausible Spur in die Tiroler Berge. Der Karlsruher Neurologe Günter Hesse hält zunächst die Kerkerthese für unsinnig. Jahrzehntelange Isolation und Dunkelhaft hätten schwere Defekte zeitigen müssen. Kaspar aber sei mit frischem Teint, ohne Vitamin- und Eiweißmangelschäden und Entzugserscheinungen aufgetaucht. Er bekam in Nürnberg und Ansbach keine einzige Kinderkrankheit; das spricht für ein ausgezeichnetes Immunsystem und vorausgegangene Infektionen. Mangelerscheinungen durch einseitige Ernährung waren damals häufig zu beobachten; man kannte die Symptome von Gefängnisinsassen oder von Schiffsbesatzungen.

Die Mißbildungen und Leiden Hausers lassen eher auf eine »Epidermolysis bullosa«, ein Hautleiden mit Muskel- und Hirnanomalien schließen; dies ist eine Erbkrankheit, die sich in Tirol über viele Generationen nachweisen läßt. Tirol war zur Zeit von Kaspars Geburt von Bayern besetzt, darunter vom 6. Chevaulégers-Regiment, den »Schwolischen«. »Besatzerkind zurückgeschickt?« fragt der *Spiegel* lakonisch.

Tatsächlich findet der Neurologe Hesse noch einige Belege, die für die Tiroler Spur sprechen: Bis an sein Lebensende habe Kaspar Akkusativ und Dativ verwechselt, und sein Erzieher Daumer habe über »undeutsche Redewendungen« gestaunt. Hesse weist anhand einzelner Wörter nach: Es waren Tiroler Redegewohnheiten. Die Innsbrucker Impfakten belegen in Rattenberg einen unehelichen Kaspar Hechenberger, Sohn der ledigen Maria Hechenberger. Mutter wie Sohn sind dort weder geboren noch gestorben. Kaspar Hauser habe, so Daumer, eines Nachts im Traum fünfundzwanzigmal Virgilius dekliniert; die Pfarrkirche von Rattenberg sei dem Heiligen Virgilius geweiht. Hesse schlußfolgert, daß Kaspar kein Sproß des Hauses Baden gewesen, sondern wohl »ein armer kranker Junge aus Tirol und nicht zuletzt das Opfer einer Clique von Esoterikern, die in eigener Sache an ihm herumexperimentierten«.

Doch wer hat Kaspar Hauser ermordet? Er selbst, so Hesse, in einem seiner Anfälle, die durch das Hirnleiden hervorgerufen wurden: »Und 1833 können wir aufgrund des Stichkanals rekonstruieren, wie der Kranke bei einer Attentatssimulation schmerzinduziert einen lävoversiven Paroxysmus (linksdrehenden Anfall) provozierte, der den Dolch von links nach rechts beim Sturz zu Boden, das Herz streifend, durch Herzbeutel, Zwerchfell und Magen in die Leber bohrte.«

Ein Mythos ist entzaubert. Obwohl – vielleicht war er ja doch der Sohn Napoleons? Oder der Urenkel Maria-Theresias?

König Ludwig II.

»Mordfall Ludwig II.: Grabt ihn aus – damit a Ruah is!«
forderte die Münchner *Abendzeitung* im Februar 1997 auf
ihrer Titelseite. Ludwig II., in Bayern nur »Kini«, in Rest-
deutschland meist »Märchenkönig« genannt, dürfte wegen
seiner phänomenalen Bauten wie Neuschwanstein und seines
bizarren Lebenswandels als weltweit wohl eines der populär-
sten Mitglieder des Hochadels gelten. Der *Spiegel* bringt es auf
den Punkt: »Ewige Lust an Ludwig – Ein Oberbayer ist nicht
totzukriegen.«

Nicht totzukriegen? Die herkömmliche Geschichtsschreibung hakt Ludwigs Tod schnöde mit »Ertrinken« ab; doch
von einem Märchenkönig erwarten die Menschen offensichtlich, daß er zumindest schwimmen kann. Den Ruf des Märchenkönigs hat sich Ludwig II. redlich verdient – von allen
spleenigen Königen war er der mit Abstand spleenigste. Viele
Gruppen vereinnahmen ihn im nachhinein für sich: Hippies
sehen in ihm einen Rebellen, Schwule einen Oberschwulen,
Wagner-Anhänger einen Patron comme il faut, Amerikaner
schließlich einen Dream King aus Disneyland.

Schon um die wahren Eltern Ludwigs rangelten die Forscher:
Hartnäckig halten sich Gerüchte, Ludwig II. sei seinem lie-
derlichen Großvater Ludwig I. entsprossen, dessen Liebe zur

irischen Tänzerin Lola Montez in Bayern schon mal eine Staatskrise ausgelöst hatte. Die Regentschaft Ludwigs, der als achtzehnjähriger zur Bürde gekommen war, stand unter keinem guten Stern. 1866 wurde er gegen seinen Willen in den Krieg zwischen Preußen und Österreich hineingezogen, und nach dem Sieg Preußens mußte auch Ludwig dessen Vormachtstellung vertraglich anerkennen. Widerstrebend stimmte Ludwig schließlich auch der Proklamation Wilhelms I. zum Deutschen Kaiser und der Gründung des Deutschen Reiches von 1871 zu. Der Verlust der vollen Souveränität Bayerns zugunsten einer deutschen Nation unter Preußens Ägide führte dazu, daß sich Ludwig nach 1871 zunehmend aus dem politischen Alltag zurückzog und sich andere Beschäftigungen suchte.

Zum Wahnsinn war es dann nicht mehr weit: Er spielte nächtens im Wald mit seinen Bediensteten »Ring-Verstecken« oder »Schneider, leih mir deine Schere«. Fanatisch unterstützte und protegierte er Richard Wagner. Seinen uneinsichtigen Dienern ließ er Siegellack auf die Stirn kleben, als Zeichen, daß ihre Gehirne versiegelt seien. Die königliche Bauwut brachte Bayern an den Rand eines Staatsbankrotts; Ludwig dachte ernsthaft über einen Einbruch in der Frankfurter Rothschild-Zentrale nach, um den Bau weiterer Schlösser zu finanzieren. Auch Selbstmordgedanken haben den Monarchen beschäftigt: »Sage Hoppe, wenn er morgen kommt, um mich zu frisieren, möge er meinen Kopf in der Pöllat suchen.«

Was zuviel war, war selbst in dem gegen Obrigkeiten stets außergewöhnlich toleranten Bayern zuviel: Eine Kommission unter Leitung des Obermedizinalrates Bernhard von Gudden untersuchte Ludwig II. per Ferndiagnose, denn sie hielt es für

»unthunlich und nicht notwendig«, den König von Angesicht zu Angesicht zu untersuchen.

Den Doktoren kam entgegen, daß es in Ludwigs Familie, wie in jeder anständigen Adelsdynastie, von merkwürdigen Gestalten nur so wimmelte: Prinzessin Alexandra, des Königs Tante, war mitunter vom Gefühl befallen, ein gläsernes Klavier verschluckt zu haben. Und Prinz Otto zu Bayern war ein echter Prügel-Prinz, der die Faust selten in der Tasche trug.

Am 8. Juni 1886 beendete die Kommission ihre Untersuchungen mit der Feststellung, Ludwig sei geisteskrank: »Seine Majestät sind in sehr weit vorgeschrittenem Stadium seelengestört.« Drei Tage später nahmen Gudden und drei Irrenwärter als sogenannte »Fangkommission« den König in Neuschwanstein fest. Der reagierte, weil angeäuselt, einigermaßen gelassen und »stieß nur ein schmerzlich-überraschtes ›Ach‹ aus«. Man verfrachtete ihn nach Schloß Berg am Starnberger See. Dort war alles für den Abgesetzten vorbereitet: Die Fenster waren vergittert, die Türklinken entfernt und Gucklöcher installiert worden.

Am 13. Juni 1886, dem Pfingstsonntag, regnete es. Gegen 18.45 Uhr brachen Ludwig und Gudden zu einem gemeinsamen Spaziergang auf. Als beide um zwanzig Uhr noch nicht zurückgekehrt waren, veranlaßte man eine Durchsuchung des Schloßparks. Zwei Bedienstete entdeckten gegen dreiundzwanzig Uhr die Leiche des Königs und des Arztes im Starnberger See.

Ertrunken also. Nein, sagen Ludwig-Traditionalisten: Preußische oder vielleicht sogar bayerische Kugeln hätten den Kini durchsiebt – er wäre einem Komplott zum Opfer gefallen.

Für die Erschießungstheorie sprechen drei Indizien, die nur einen Nachteil haben: Sie sind allesamt unauffindbar. Da wäre zunächst das »Lidl-Dokument«. Der Leibfischer Jakob Lidl, der mit seinem Boot auf den fluchtwilligen Ludwig wartete, verfaßte einen Bericht über die angebliche Mordnacht. Dieser Bericht ging nach seinem Tod an die Witwe beziehungsweise deren zweiten Ehemann Martin Martl. Dieser Bericht ist verschwunden, weil sofort nach Martls Tod Unbekannte sein Haus gestürmt und das Heft entwendet haben sollen. Immerhin existiert ein anderes, nach Expertenmeinung echtes Blatt aus Lidls Hand, eine Art Kurzprotokoll. In diesem werden allerdings keine Schüsse erwähnt; Lidl vermutet lediglich, der König sei mit »Klorivorm o. anders betäubt« worden.

Zweitens soll es den Mantel mit den Einschußlöchern gegeben haben. Dieser Mantel soll sich lange Zeit im Besitz der Reichsgräfin Josephine von Wrbna-Kaunitz befunden haben, die ihn ihren Gästen gern vorführte. Auch dieser Mantel ist weg. Die Weste, die Ludwig unter dem Mantel trug, soll ähnliche Löcher aufgewiesen haben; die fraglichen Stellen aber waren leider mit einer Schere herausgeschnitten.

Drittens argumentieren Verschwörungstheoretiker mit dem Maggschen Erinnerungsprotokoll. Der Arzt und Hofrat Dr. Rudolf Magg verfaßte kurz vor seinem Tod ein Protokoll, in dem er gestand, den Bericht über die Leichenschau »auf Befehl des Ministeriums« verfälscht zu haben. Seinen letzten Schnaufer auf dem Sterbebett schrieb dessen Tochter wie folgt auf: »Im Leichenschauprotokoll vom 14. Juni 1886 hat gestanden, daß ich an der Leiche des Königs nur kleine Schürfungen unterhalb der Knie festgestellt habe. Auf Befehl des Ministeriums mußte ich den Bericht so abfassen. Dies war vollkommen falsch, denn am Leichnam entdeckte ich sehr wohl furchtbare Schußverletzungen am Rücken.« Dummerweise ist auch dieser Beleg verschwunden. Die *Süddeutsche Zeitung* faßt zusammen: »Der Dunst über dem See bleibt undurchdringlich.«

Die Verschwörungstheoretiker hätten einige Täter zu bieten. Da wäre zunächst der preußische Staat. Bismarck, vor der Entmündigung Ludwigs II. heimlich konsultiert, sah Ärger und Unruhe in Bayern voraus; es sei besser, riet er, den Anstoß aus der bayerischen Volksvertretung kommen zu lassen statt »von oben« und dem Nachfolger, dem Prinzregenten Luitpold, »ein gewisses Odium« zu ersparen. Ein noch zwanzig Jahre lebender entmündigter König: Ein untragbares Sicherheitsrisiko für den berechnenden Bismarck? Oder gar – Verschwörungstheorien orientieren sich immer am maximal Möglichen – ein Sicherheitsrisiko für alle europäischen Mächte und das von ihnen sorgsam austarierte Kräftegleichgewicht?

Auch Prinzregent Luitpold, Kini-Onkel und Nachfolger, muß sich, obwohl echter Bayer, den Vorwurf des Neffenmordes gefallen lassen, profitierte er doch als neuer König am unmittelbarsten von der Absetzung seines Vorgängers. Ließ er den Kini ermorden? Und das, obwohl um die Ecke schon Sissi wartete, die Kaiserin von Österreich und des Kinis Kusine, um den Vetter mit einer Kutsche ins schützende Tirol zu entführen?

Als einigermaßen seriöse Mordtheorie gilt die folgende: Ludwigs Kabinettschef Johann Freiherr von Lutz hatte ein Interesse daran, seinen Vorgesetzten rasch auszuschalten, weil der König noch Chancen hatte, seine Entmündigung anzufechten, denn jene war »gesetzeswidrig und irrelevant«. Dies meint unter anderem auch der Münchner CSU-Chef und Jurist Peter Gauweiler, der nach gründlichem Studium der damaligen Rechtslage zum Schluß kam, daß der Kini nur durch einen Beschluß eines Amtsgerichtes für wahnsinnig hätte erklärt werden können. Auch Gauweiler hält Kabinettschef Lutz für den Drahtzieher eines Mordkomplotts.

Und den Kini-Freunden bleibt nichts erspart. War Ludwig II. nicht nur irre, sondern sogar ein Mörder? Das Haus der Wittelsbacher hatte genug vom Rumoren der Gerüchte und entschloß sich, zum hundertsten Todestag Ludwigs ihre geheimen Archive zu öffnen, um alle Spekulationen ein für allemal auszuräumen. Der auserwählte Spicker hieß Wilhelm Wöbking, damals Kriminaldirektor und Staatsschutz-Leiter des Bayerischen Landeskriminalamtes. Für den Kriminologen gab es anhand der vorliegenden Akten keinen Zweifel, daß der Bayernkönig kränkelte, und zwar »im Sinne einer Psychose aus dem schizophrenen Formenkreis«. Mit an Sicherheit grenzender Wahrscheinlichkeit habe der Monarch Selbstmord verübt und zuvor »einen Menschen getötet, ohne Mörder zu sein«.
Und so soll sich das Drama nach Wöbking abgespielt haben: Vom Wunsch beseelt, seinem Leben ein Ende zu bereiten, begibt sich der König ans Ufer des Starnberger Sees, entledigt sich seines Schirms und seines Überrocks und betritt das Wasser. Dr. Gudden, der auf ihn aufpassen soll und alles zulassen darf, nur nicht Flucht oder Selbstmord, holt ihn ein und versucht ihn aufzuhalten. Ludwig, der Bärenkräfte hatte und ein Meter einundneunzig maß (vor hundert Jahren fürwahr eine phänomenale Größe), versetzt seinem Widersacher einen Faustschlag an die Stirn und würgt ihn (tatsächlich fanden sich an der Leiche Guddens Würgespuren). Gudden erstickt, sei es durch diese Gewaltanwendung oder durch Ertrinken. Ludwig setzt sodann seinen Todesgang fort.

Doch so leicht läßt man sich seine Mythen nicht zerstören. Wöbking, ein zugereister Westfale, der für die Suizidabsicht seines Helden die Worte fand, dieser habe, halb gefangen, halb entmündigt, »dem Verfall seiner Königs- und Menschenwürde entrinnen wollen«, mußte sich von bodenständigen Autodidakten der Kini-Forschung als »Saupreiß« beschimpfen lassen.

Die Schnödeste aller Erklärungen lautet: Herzinfarkt. Kurz vor dem letalen Spaziergang soll der König, wie es seine Art war, reichlich Alkohol zu sich genommen haben. Nach dem (wie auch immer juristisch zu nennenden) Mord an Gudden watete der benebelte Ludwig zu seinem Boot durch das damals zwölf Grad kalte Wasser – und das machte der Körper nicht mehr mit. Diese mit Abstand wahrscheinlichste Erklärung hat den Nachteil, viel zuwenig glamourös zu sein.

»Grabt ihn aus, damit a Ruah is«: Echte Ludwig-Ayatollahs sind ohnehin der Meinung, der Sarkophag in der Fürstengruft der Münchner St. Michaelskirche sei leer. Trauergäste, die am 19. Juni 1886 am offenen Sarg ihres toten Kini standen, schworen hinterher, ihnen sei eine Wachsfigur vorgelegt worden. Andere Gerüchte besagen, der Zinksarg sei während der Bombenangriffe im Zweiten Weltkrieg vorsorglich evakuiert und die Leiche nach dem Krieg heimlich auf dem Andechser Klosterfriedhof verscharrt worden. Doch selbst wenn der Kini noch im Sarg der Michaelskirche läge: Da die Weichteile mit Sicherheit verschwunden sind, würde auch eine Schußwunde kaum nachprüfbar sein. Die *Abendzeitung* immerhin zitiert den Rechtsmediziner Randolph Penning von der Münchner Uni-Klinik: »Wenn die Hautdecke noch da ist, könnte man nachschauen, ob Verletzungen da sind. Mit Hilfe einer chemischen Analyse kann man eventuell noch Schmauchspuren entdecken.« Wenn die Schüsse aus nächster Nähe abgegeben wurden, würde man mit der Analyse auf Haut und Kleidung entweder Reste von Treibgas oder chemische Partikel der Kugel (etwa Ölreste) entdecken.

Im Dezember 1995 tauchten beim Wiener Auktionshaus Dorotheum Briefe auf, die einen vertraulichen Hinweis auf die Todesumstände König Ludwigs II. bargen. In einem Brief, den die Erzherzogin Maria Theresia von Bayern ihrem Vater schrieb, berichtete sie, die Mutter Ludwigs, Marie von Preußen, habe ihr erzählt, »daß der König erstickt sei, da er sich so in die Zunge verbissen hätte«. Der Leibarzt Bernhard von Gudden aber sei »von ihm erdrosselt« worden. »Keiner sei ertrunken«, habe Marie von Preußen der Briefeschreiberin anvertraut.

Eine weitere These erblickte 1995 das Licht der Welt: Der Münchner Journalist Martin Kohlweiß beendete seine historischen Studien mit dem Fazit: »Ludwig II. wurde für verrückt erklärt, um seine Homosexualität vor der Öffentlichkeit zu verschleiern.« Indizien dafür fand Kohlweiß beispielsweise in den Aufzeichnungen der Irrenärzte, die dem König »jene Form von Geisteskrankheit, die ... mit dem Namen Paranoia bezeichnet wird«, attestierten. Es sind, so der Psychiater Franz Carl Müller, »weniger die mühsam aus allen Ecken und Enden hervorgesuchten Halluzinationen«, sondern: »Der König litt an folie morale, moral insanity, moralischem Irresein.« Noch deutlicher wurde Gudden selbst, der zum Geisteszustand Seiner Majestät folgendes anzumerken hatte: »Es ist besser für den König, für geisteskrank erklärt zu werden, da man ihn außerdem für einen der perversesten Menschen halten« müsse.

Der Kini hat wenigstens erreicht, was er einmal so formulierte: »Ein ewiges Rätsel bleiben will ich mir und anderen.«

Anastasia

Am 17. Februar 1920, einem naßkalten Wintertag, fischte die Berliner Polizei eine völlig verstörte junge Frau aus dem Landwehrkanal. Sie konnte sich nicht ausweisen und weigerte sich, Angaben zu ihrer Person zu machen. Also wurde sie als »Fräulein Unbekannt« in eine Nervenheilanstalt eingeliefert.

Im Herbst 1921, noch immer Insassin der Nervenheilanstalt, entdeckte diese Frau in der *Berliner Illustrierten Zeitung* einen Artikel über das Zarenreich. Nun wußte sie ganz sicher, wer sie war: Anastassija Nikolajewna Romanow, die jüngste Tochter des letzten russischen Zaren. »Sehen Sie nicht, das bin ich«, rief sie ihren Krankenschwestern zu und zeigte auf ein Foto Anastasias.

Dies schien völlig unmöglich, denn schließlich war die gesamte Zarenfamilie von den in der Revolution siegreichen Bolschewiken in der Nacht zum 16. Juli 1918 erschossen worden. Gab es tatsächlich eine Möglichkeit, daß Anastasia das Massaker von Jekatarinburg (dem späteren Swerdlowsk) überlebt hätte? Tatsächlich kamen immer wieder Gerüchte um eine Scheinexekution auf.

Der hochstapelnde und damit »in Irrenhäusern nicht eben seltene Anspruch« *(Der Spiegel)* verbreitete sich durch Krankenschwestern und Mitpatientinnen in der russischen, auf Wunder hoffenden Emigrantengemeinde in Berlin und hielt fast ein Jahrhundert lang Königstreue und Klatschversessene in Atem.

Die vorgebliche Anastasia nannte sich nun Anna Anderson und gab zögernd Einzelheiten preis – ohnehin war die Exekution der Zarenfamilie, wie Augenzeugen berichteten, eine schauerliche Angelegenheit gewesen: Die Romanows wurden geweckt mit dem Versprechen, man würde sie nun an einen sicheren Ort bringen; man geleitete sie in den Keller, wo von ihnen, wie sie gesagt bekamen, Fotos gemacht werden sollten; sie mögen sich bitte in zwei Reihen aufstellen. Dann stürmten Soldaten den Raum und schossen sofort. Von den weiblichen Mitgliedern der Zarenfamilie prallten viele der Kugeln ab, trugen sie doch schweren Schmuck und hatten sich Diamanten in die Kleidung genäht. Einige der Opfer mußten mit Bajonetten getötet werden.

Die meisten der Mörder (vermutlich waren es zwölf Angehörige der Tscheka, eines Vorläufers des KGB) sollen keine Russen gewesen sein. Imre Nagy, Führer des ungarischen Aufstandes 1956, wurde mit der Tat in Verbindung gebracht. Und in einem Bericht, der 1992 erschien, schrieb der Kommandant der Wache, Jakow Jurowsikij: »Es war befohlen worden, auf das Herz zu zielen ... Mit dem Colt habe ich Nikolaus mit einem Schuß getötet.« Der Tat rühmte sich auch der Tschekistenoberst Michail Medwedjew: »Bei meinem fünften Schuß fällt der Zar wie eine Heugarbe nach hinten.«

Im Kugelhagel starben neben dem Zar Nikolaus auch seine Gattin Alexandra, der vierzehnjährige Thronfolger Alexej und die Töchter Olga, Tatjana und Marie, außerdem der Leibarzt Jewgenij Botkin und zwei Bedienstete.

Bis heute ist unklar, wer genau das Massaker befehligt hatte; viele vermuten Trotzki als Anstifter. Dieser jedenfalls rechtfertigte die Hinrichtung als »notwendig, nicht nur, um den Feind zu erschrecken und ihn der Hoffnung zu berauben, sondern auch, um die Unsrigen aufzurütteln und ihnen zu zeigen, daß es kein Zurück mehr gebe«.

Anna Anderson behauptete nun, sie hätte das Massaker überlebt, weil die Bajonette stumpf waren und ein Soldat namens Tschaikowsky (!) sie gerettet habe, als er gesehen hatte, daß sie noch lebte. Nun wird Anna Andersons Geschichte wirr: Sie und Tschaikowsky seien dann nach Rumänien geflohen, möglicherweise haben sie geheiratet, Tschaikowsky kam dann im Straßenkampf um, sie brachte einen Sohn von ihm auf die Welt und gab ihn in ein Waisenhaus.

Nach Berlin war sie gekommen, so ihre Worte, um ihre Tante, Prinzessin Irene, aufzusuchen (Zweifler fragen, warum sie denn nicht zu der viel näheren Verwandten, der rumänischen Königin Marie, gegangen sei, wo sie doch schon dort war), doch niemand habe sie erkannt. Daher hätte sie den Suizidversuch unternommen.

1922 wurde Anna Anderson aus der Nervenheilanstalt entlassen. Sie hatte eine große Zahl von Unterstützern gewonnen und konnte von nun an sorgenfrei leben. Immer wieder brachte man sie mit dem Zar nahestehenden Personen zusammen, um ihre Geschichte zu überprüfen; doch die Gegenüberstellungen fielen zum großen Teil negativ aus. Besagte Prinzessin Irene etwa bekam sie als eine der ersten zu sehen; die Prinzessin verneinte jede Ähnlichkeit mit Anastasia (später, so wird von Anderson-Verehrern kolportiert, habe sie jedoch geschrien »Sie ist es, sie ist es!«). Irenes Sohn, Prinz Sigismund, ein Sandkastenfreund Anastasias, schickte Anna Anderson eine Liste mit Fragen. Die Antworten überzeugten ihn, daß sie tatsächlich Anastasia war.

Prinzessin Cecilie, Schwiegertochter des letzten deutschen Kaisers, glaubte Anna Anderson ihre Geschichte. Anastasias früherer Hauslehrer Pierre Gilliard war zunächst überzeugt, nannte aber später Anna eine »erstklassige Schauspielerin«. Nikolaus' Cousin Alexander glaubte Anna Anderson, ebenso Anastasias Kusine Prinzessin Xenia und die beiden Kinder des mit der Zarenfamilie ermordeten Hausarztes, Gleb und Tatjana Botkin. Gleb malte als Kind oft, zur Belustigung Anastasias, in menschliche Kleidung gehüllte Tiere; als er Anna Anderson erstmals sah, fragte sie ihn sogleich nach den »lustigen Tieren« – ein Detail, das, so Gleb, nur Anastasia selbst hätte wissen können. Anastasias Kindermädchen hingegen konnte sie nicht identifizieren.

Die meisten Indizien sprachen nicht für Anna Anderson. Am verblüffendsten: Sie redete kein Wort Russisch. Das sei ganz natürlich, erklärten ihre Anhänger; der Schock der Hinrichtung ihrer Familie, die russischen Befehle der Soldateska hätten ihr die Sprache auf ewig ausgetrieben. Außerdem könnte sie Russisch durchaus verstehen und dazu noch Englisch, Deutsch und Französisch sprechen – ungewöhnlich für eine angebliche Fabrikarbeiterin. Und daß nur wenige Nahestehende sie erkannten, habe damit zu tun, daß die Soldaten ihr mit Gewehrkolben das Gesicht zertrümmert hätten.

Die Angelegenheit beschäftigte sogar höchste Gerichte: Der deutsche Bundesgerichtshof entschied 1970, daß die Beweise nicht ausreichten, um Anna Anderson zur Zarentochter Anastasia erklären zu können.

Befeuert wurden die Spekulationen auch durch die russischen Revolutionswirren. Noch Jahre nach der Ermordung der Zarenfamilie verhandelten KP-Führer scheinheilig mit den Deutschen über eine Auslieferung der (deutschstämmigen) Zarin und ihrer fünf Kinder.

Dämonisch erscheint folgendes Detail: Anna Anderson offenbarte ein verblüffendes Wissen über Anastasias Onkel, Großherzog Ernst von Hessen. Sie sagte, er hätte im Jahr 1916 Rußland besucht – wohlgemerkt zu einer Zeit, als sich Deutschland und Rußland im Krieg befanden. Ernst von Hessen wies dies wütend zurück – eine solche Reise hätte schließlich Hochverrat bedeutet.

Tatsächlich sagten aber im Jahr 1966 Mitglieder seiner Familie aus, daß Ernst diesen Geheimbesuch nach Rußland unternommen habe. Wie konnte Anna Anderson das wissen? Ein Zufallstreffer?

Nun kommt die Verschwörungstheorie allmählich in Gang. Im Jahr 1927 erkennt eine junge Frau in Anna Anderson ihre frühere Zimmergenossin Franziska Schanzkowski, eine polnische Landarbeiterin. Anderson-Treue vermuteten, besagter Ernst von Hessen oder ähnlich interessierte Kreise hätten die junge Frau dahingehend bestochen, eine solche Aussage zu machen.

Franziska Schanzkowski jedenfalls wollte dem ärmlichen Leben in Polen entkommen, ging nach Berlin und arbeitete in einer Munitionsfabrik. Dort gab es einen folgenschweren Unfall (daher die Narben an ihrem Körper, die, wie ihre Anhänger jedoch stets glaubten, vom Exekutionsversuch stammten), und Franziska tauchte unter – und zwar wortwörtlich: in den Landwehrkanal.

Anna Anderson jedenfalls zog in die USA, kehrte nach Deutschland zurück und ging letztlich erneut in die USA. Dort heiratete sie 1967 den zwanzig Jahre jüngeren Historiker John E. Manahan, der fest an seine Anastasia glaubte, und beide lebten glücklich mit dreißig Hunden und sechzig Katzen bis zu Annas Tod 1984. Beerdigt wollte sie in Bayern werden. Der Wunsch wurde ihr erfüllt. In Seeon im Chiemgau steht auf ihrem Grabstein »Anastasia« in kyrillischer Schrift und darunter »Anastasia Manahan«. Nach Seeon wollte sie, weil sie in den zwanziger Jahren eine Zeitlang dort, beim Fürsten Leuchtenberg, gelebt und sich wohl gefühlt hatte.

Im Jahr 1991 (Rußland gestattete nach dem Ende des Kommunismus intensivere Forschungen) entdeckte man die Skelette der Zarenfamilie. Die Gebeine von Anastasia fehlten allerdings, ebenso wie die vom Kronprinzen Alexej. Experten erklären sich das damit, daß man die beiden Leichen absichtlich beiseite geschafft hätte, um mögliche Hinweise auf die Identität der Opfer zu erschweren – keine ganz schlüssige Erklärung. Die Anhänger der dem Massaker entkommenen Anastasia freilich erhielten durch diesen Umstand neue Nahrung.

Daß Anna Anderson posthum als Hochstaplerin entlarvt werden konnte, ist ein Verdienst der Gentechnik. Einem britischen und einem deutschen Filmteam gebührt die Ehre, einen wasserdichten Beweis erbracht zu haben, daß Anna Anderson nicht Anastasia Romanow ist. Der Münchner Dokumentarfilmer Maurice Philip Remy, der schon einen hochgelobten Film über den Verbleib des Bernsteinzimmers gedreht hatte, entdeckte mit seinem Team in Charlottesville ein

Darmstück Anna Andersons, das ihr anläßlich einer Operation entnommen worden war. Das Testgewebe wurde ihm jedoch vom Anwalt der Familie Manahan (der verdrehterweise mit einer Enkelin des zusammen mit dem Zaren ermordeten Leibarztes Botkin verheiratet ist) wieder entzogen.

Schließlich fand Remy bei einem ehemaligen Blutexperten der Universität Heidelberg drei dreiundvierzig Jahre alte Kanülen, mit denen Anna zur Ader gelassen wurde, und bei einem Hämatologen trieb er eine Probe getrockneten Blutes auf, konserviert auf Glasplättchen. Zwei Forscher vom Anthropologischen Institut der Universität Göttingen verglichen die Gen-Spuren mit inzwischen gewonnenen Daten aus den Zarenskeletten. Ergebnis: Eine Verwandtschaft mit dem ermordeten russischen Kaiserpaar ist ausgeschlossen. Die einzige, nur theoretische Bedingung: Zar Nikolaus war wirklich der Vater Anastasias.

Doch auch diese Unsicherheit ist inzwischen beseitigt. Forscher von der University of California in Berkeley verglichen die Blutprobe Anna Andersons zusätzlich noch mit dem Blut einer gewissen Margarete Ellerik aus Kümmerazhofen, einem Ort im Allgäu. Margarete Ellerik ist die Nichte einer polnischen Landarbeiterin namens – Franziska Schanzkowski. Das Ergebnis: Anna Anderson ist nicht Anastasia, sondern Franziska Schanzkowski.

Das Märchen ist zu Ende, der Mythos ist tot. Die Anwälte der Familie Anderson/Manahan kämpfen jedoch weiter, und auch viele Anhänger der falschen Anastasia geben nicht auf. Dabei sind die Beweise erdrückend. Man muß schon fest an eine gigantische Verschwörung glauben, um all diese Indizien zu ignorieren.

Die »Titanic«

»Titanic« – es wird wohl kaum jemanden geben, dem dieser Name nichts sagt. Siebenundneunzig Jahre nach dem verheerenden Untergang in der Eiseskälte des Nordatlantiks gilt die »Titanic« immer noch als *die* große Katastrophe, als Synonym für technologische Anmaßung, als Zeichen der Hybris der modernen Welt. »Das blinde Vertrauen in die Technik hat einen schrecklichen Schock erlitten«, schrieb der Schriftsteller Joseph Conrad. Die Katastrophe markiert einen Wendepunkt in der Geschichte, kein Wunder also, daß die tragische Jungfernfahrt des Ozeanriesen Millionen von Menschen bewegt hat und noch immer bewegt. Über dreitausend Bücher wurden über die »Königin der Meere« geschrieben, Musicals wurden komponiert, Ausstellungen durchgeführt, Lieder von ihr inspiriert. Und der teuerste Film aller Zeiten verdankt – ebenso melodramatisch und großartig wie die Geschichte der »Titanic« selbst – dem gesunkenen Stahlkoloß sein Entstehen. Der Mythos wirkte: 1998 landete der Regisseur James Cameron mit seiner »Titanic«-Verfilmung, den größten Box-Office-Erfolg aller Zeiten. Dabei war die »Titanic« weder das schnellste noch das größte Schiff ihrer Zeit. Was also macht die »Titanic« so einzigartig? Vielleicht war es der Luxus – die Belle-Epoque-Kabinen, die Millionäre wie John Jacob Astor an Bord des Schiffes bewohnten. Die schweren Teppiche, das edle Holz, Essen von Hummer bis zu Kiebitzeiern, Champagner in rauhen Mengen – das fasziniert die Menschen bis heute. Ein wahrer Luxusliner auf seiner letzten Fahrt – so war die »Titanic« auch Vorbote für den Ersten Weltkrieg und die Schrecken, die noch kommen sollten.

Die »Titanic« war in der Tat ein beeindruckendes Schiff: Ihr Gewicht betrug 46 328 Bruttoregistertonnen, sie war 268,98 Meter lang, 28,19 Meter breit. Sie maß 18,44 Meter von der Wasseroberfläche bis zum Bootsdeck oder 53,34 Meter vom Kiel bis zur Spitze der vier Schornsteine. Maschinen und Turbinen verliehen dem Meeresriesen 50 000 PS, und bei voller Fahrt machte die »Titanic« 24 bis 25 Knoten.

Am 31. Mai lief die als unsinkbar geltende »Titanic« auf dem Dock der Reederei Harland & Wolf vom Stapel. Die nächsten zehn Monate vergingen mit Arbeiten an der Innenausstattung. Am 3. April waren diese beendet, und eine Woche später, am 10. April 1912 um dreizehn Uhr, verließ die »Titanic« das Dock in Southampton zur Jungfernfahrt nach New York. Zwischen 2201 und 2239 Menschen waren an Bord, doch die genaue Zahl bleibt bis heute umstritten. (Selbst die Zahl der Überlebenden konnte nie zweifelsfrei festgestellt werden: Mal sollen es 705 Gerettete gewesen sei, mal 711 oder 712. Und neunzig der Überlebenden tauchen auf der Passagierliste nicht auf.)

Unter den Reisenden waren so bekannte Männer wie der amerikanische Industriemogul John Jacob Astor. Für die Prominenz an Bord hatte die »Titanic« einiges geladen: 8000 Zigarren, 2500 Flaschen Wein und 95 Pakete Opium. Der erste Teil der Reise verlief planmäßig. Um 19.00 Uhr erreichte das Schiff Cherbourg, um dort weitere Passagiere aufzunehmen. Am nächsten Tag, dem 11. April 1912, lief man Queenstown an, nächstes Ziel war New York, das am 15. April erreicht werden sollte. Doch am 14. April um 23.40 Uhr passiert das Unglaubliche: Die »Titanic« kollidierte im Nordatlantik mit einem Eisberg.

Eine Rekonstruktion des Logbuchs hält lakonisch die Ereignisse fest:

23.40 Uhr	Stößt mit Eisberg zusammen, 41° 46' Breite Nord, 50° 14' Breite West
0.05 Uhr	Befehl, die Boote seeklar zu machen und Besatzung und Passagiere zu verständigen
0.15 Uhr	Erste Bitte um Hilfe per Funk
0.45 Uhr	Erstes Boot, Nummer 7, wird zu Wasser gelassen
0.45 Uhr	Erste Rakete
1.40 Uhr	Letzte Rakete
2.05 Uhr	Letztes Boot wird zu Wasser gelassen
2.10 Uhr	Letzter Funkspruch
2.18 Uhr	Lichter erlöschen
2.20 Uhr	Schiff versinkt

In den letzten Minuten drücken vierzigtausend Tonnen Wasser den Bug unter den Meeresspiegel. Der vorderste Schornstein bricht ab. Je weiter das Heck nach oben ragt, desto größer wird der Druck auf Stahlwände und Bodensektionen des Schiffes – bis es an zwei Stellen auseinanderbricht. Während Bug und Mittelstück mit einer Geschwindigkeit von fünfzig Stundenkilometern auf den Meeresboden sinken, dreht sich das abgebrochene Heck um hundertachtzig Grad. In dieser Stellung bleibt es noch fast eine Minute, bis es um

2.20 Uhr mit einer Geschwindigkeit von achtzig Stundenkilometern versinkt. Gegen 2.30 trifft der Bug auf dem Boden auf und versinkt fünfzehn Meter tief im Schlamm. Sechshundert Meter davon entfernt schlägt wenig später das Heck auf. Das tragische Ende einer Jungfernfahrt.

Schiffsunglücke sind nicht selten. Nach Schätzungen sind in den letzten zweitausend Jahren über eine Million Schiffe untergegangen, jedes Jahr sinken zwei- bis dreihundert. Der Fall »Titanic« war also keine Ausnahme. Der Zusammenstoß eines Schiffes mit einem Eisberg – wie kann es da Ansätze für eine Verschwörungstheorie geben? Wie kann es sein, daß sich noch heute so viele Legenden und Mythen um dieses Schiff ranken?

Die Antwort fällt leicht: Die hohe Zahl der Toten sowie die Tatsache, daß die »Titanic« als unsinkbar galt, sowie die Prominenz an Bord – kein Schriftsteller oder Drehbuchautor hätte eine brisantere Mixtur erfinden können. Und dann gab es auch einige Ungereimtheiten, die die Phantasie vieler Menschen beflügelten, und die Phantasie reichte bei einigen sehr weit. So stellte der britische Schiffahrtsexperte Robin Gardiner die Behauptung auf, daß nicht die »Titanic« gegen den Eisberg gefahren sei, sondern ihr Schwesterschiff »Olympic«. Robin Gardiner weiß auch um das Motiv: Einen großangelegten Versicherungsbetrug wollte die Reederei mit dem Vertauschen von »Titanic« und »Olympic« durchführen. Denn 1911 hatte die »Olympic« zwei ausgesprochen teure und nichtversicherte Unfälle erlitten. Zur Reparatur mußte sie zurück in die Werft Harland & Wolff, wo sie eine Zeitlang neben der noch nicht fertiggestellten »Titanic« lag. In dieser Zeit sollen die Namensschilder der beiden Schwesterschiffe, die in bezug auf

Konstruktion, Abmessungen und Aussehen fast identisch waren, ausgetauscht worden sein. Zur Jungfernfahrt rückte also nicht die brandneue »Titanic« aus, sondern die nur billig und notdürftig reparierte »Olympic«. Die »Olympic« fuhr als hoch versicherte »Titanic« über den Atlantik und sollte im Nordmeer gegen einen Eisberg krachen. Rund um das Eisfeld, das die »Olympic« alias »Titanic« ansteuerte, lagen an jenem 14. April 1912 mehrere Schiffe, die der Reederei von »Titanic« und »Olympic« gehörten. Sie sollten nach der Kollision des Schiffes mit dem Eisberg alle an Bord befindlichen Passagiere aufnehmen. Doch daraus wurde nichts. Kapitän Smith ließ das Schiff zu früh in den Eisberg donnern.

Selbst für hartgesottene Verschwörungstheoretiker klingt diese Mutmaßung nicht allzu plausibel. Und sie ist es auch nicht. Seit 1987 vom Wrack einzelne Bauteile geborgen werden konnten, ist diese Spekulation eindeutig widerlegt: Denn in alle Bauelemente der »Titanic« ist die Ziffernfolge »401« eingestanzt. Die »Olympic« trug dagegen die Baunummer »400«.

Wenngleich diese finstere Spekulation ins Reich der Phantasie gehört, werden andere Fragen auch heute noch leidenschaftlich diskutiert: Hätte die Mannschaft der »Titanic« den Unfall verhindern können? Und war das als »unsinkbar« bezeichnete Schiff vielleicht sogar falsch konstruiert?

Viele Amateure und Profis der Schiffahrt haben schnell dem Ersten Offizier der »Titanic« den Schwarzen Peter zugeschoben. Dieser habe um 23.40 Uhr nach dem Sichten des Eisbergs den Befehl »Ruder Backbord, Maschine volle Kraft zurück!« erteilt. Die Kombination der beiden Befehle aber hätten das Ausweichen unmöglich gemacht, weil durch den Stop der Maschinen die »Titanic« fast unbeweglich geworden wäre. Doch diese häufig vorgebrachte Kritik entbehrt jeglicher Grundlage: Beim Ändern der Ruderstellung bewegt sich zuerst das Heck eines Schiffes, bei voller Fahrt wäre also das Heck beim Befehl Ruder Backbord noch weiter nach rechts ausgeschwenkt, hätte also mit noch größerer Gewalt den Eisberg getroffen. Und zweifelhaft ist auch, ob, wie viele meinen, es besser gewesen wäre, den Eisberg frontal zu rammen. Dann wäre, so die Argumentation, zwar der Bugbereich zerstört worden, die »Titanic« aber schwimmfähig geblieben. Möglich ist das – doch keiner kann die Frage beantworten, was genau passiert, wenn ein Schiff mit sechzigtausend Tonnen Gewicht gegen einen riesigen Eisberg stößt. Was die Konstruktion der »Titanic« anbelangt: Ein zweiunddreißig Meter langes Leck mit einer Gesamtfläche von nur 1,2 Quadratmetern reichte aus, um den Luxusliner zum Sinken zu bringen. Hätte ein anderes Schiff diese Beschädigung überstanden? Wahrscheinlich nicht. Das Eis hatte die ersten sechs Schottkammern der »Titanic« getroffen (insgesamt besaß die »Titanic« sechzehn dieser Kammern, die durch vollautomatische Türen voneinander getrennt waren). Durch diese sechs Lecks traten die Wassermassen mit hohem Druck ein – vierhundert Tonnen pro Minute. Schon nach zwanzig Minuten waren achttausend Tonnen Wasser eingeflossen, nach einer Stunde waren es, obwohl alle Pumpen eingesetzt wurden, schon vierundzwanzigtausend Tonnen, nach zweieinhalb Stunden vierzigtausend Tonnen. Das Heck richtete sich steil auf, und die Titanic zerbrach in drei große Teile.

Und noch ein Rätsel liegt über der tragischen Katastrophe: Nach Aussagen der Besatzung der »California« (die viele Passagiere der »Titanic« an Bord nahm) und von Überlebenden der »Titanic« befand sich zwischen »Titanic« und »California« möglicherweise ein drittes Schiff, vielleicht sogar nur zehn Kilometer von der Unglücksstelle entfernt. Viele hatten die Positionslichter gesehen.

So nahe war dieses Schiff, daß es möglicherweise alle Passagiere hätte retten können. Bis heute ließ sich nicht nachprüfen, ob sich dieses »Geisterschiff« tatsächlich in der Nähe der »Titanic« befunden hat. Doch 1962 gab der norwegische Kapitän Hendrik Naess auf dem Totenbett die eidesstattliche Versicherung ab, er sei 1912 als Erster Maat auf dem norwegischen Robbenfänger »Samson« gefahren, einer Dreimastbarkasse aus Holz. Sie hätten damals die Lichter und Signalraketen der »Titanic« sehen können. Da aber die Besatzung illegal nach Robben gejagt habe, seien ihre Positionslichter gelöscht worden, und man habe schnell das Weite gesucht.

Diese Frage wird wie viele andere (»Wann passierte was?« – »Wieso unterscheiden sich die Zeugenaussagen der Überlebenden?« – »Wie hoch war die Zahl der Überlebenden?« – »Was spielte die Band?«) nie mehr geklärt werden können. Mit der »Titanic« sank auch die Lösung all dieser Rätsel.

Die »Hindenburg«

Kaum eine Katastrophe hat so viele Spekulationen nach sich gezogen wie der Absturz des deutschen Zeppelins »Hindenburg«. Gleich nach dem Feuerinferno am 6. Mai 1937, bei dem dreizehn Passagiere und zweiundzwanzig Mann Besatzung ihr Leben verloren, machten wilde Gerüchte die Runde. Das Flaggschiff des Nazi-Reiches wurde in die Luft gesprengt aus Rache für die Bombardierung der spanischen Stadt Guernica durch die deutsche Luftwaffeneinheit »Condor«, glaubten die einen. Andere gingen davon aus, daß die Diskriminierung der Juden den Anschlag auf das Luftschiff ausgelöst hat. Gründe für einen Anschlag gegen eines der auffälligsten Symbole des Dritten Reiches gab es mehr als genug. Aber auch ganz andere, unpolitische Theorien wurden ins Gespräch gebracht: Die »Pan American Airways«, die mit ihren Flugbooten eine eigene Atlantik-Route planten, könnten sich den lästigen Konkurrenten vom Hals geschafft haben. Schließlich hatten sich die Deutschen beim lukrativen Interkontinentalverkehr schon einen gewissen Startvorteil verschafft.

Für den Ersten Offizier an Bord der »Hindenburg« dagegen war alles viel einfacher: Geflügelfarmer aus der Umgebung von Lakehurst haben auf den Zeppelin geschossen, weil sie um ihre gefiederten Schützlinge beim Landeanflug des Luftriesen fürchteten. FBI und deutsche Polizei gingen allen diesen Spuren nach – ohne Erfolg. Unterschiedliche Personen gerieten ins Visier der Fahnder, doch es konnten weder Motive noch überzeugende Indizien in allen diesen Fällen gefunden werden. Und noch Jahrzehnte später wurden immer wieder neue Verdächtige präsentiert: Einmal ist es ein in Amerika lebender Deutscher, der sich unbeaufsichtigt dem Luftschiff hatte nähern können, ein anderes Mal ein beim Absturz verbrannter Mann der Besatzung, der ein undurchschaubarer Einzelgänger gewesen sein soll. Doch keiner der vermeintlichen Täter konnte überführt werden, es fehlten jegliche Beweise. Der Abschlußbericht der deutschen Polizei kam zu dem Schluß: »Die Möglichkeit einer gewaltsamen Zerstörung des Luftschiffes muß aber, da eine andere Entstehungsursache ebensowenig bewiesen werden kann, zugegeben werden.« Technisches Versagen, Blitzschlag oder ein Sprengsatz – bis heute ist die genaue Ursache für den Absturz der »Hindenburg« ungelöst. Doch der Ablauf der Katastrophe und immerhin eine plausible Darstellung der Absturzursache lassen sich heute, sechzig Jahre später, genau wiedergeben.

1936 hatte die »Hindenburg«, das bis zu diesem Zeitpunkt größte Luftverkehrsmittel, den Liniendienst zwischen Europa und Nordamerika aufgenommen. Das Luftschiff, lang wie ein Ozeanriese und hoch wie ein vierzehnstöckiges Haus, flog Passagiere von Frankfurt bis nach Brasilien. Längst waren die Flüge zur Routine geworden, über dreihunderttausend Kilometer wurden pro Jahr zurückgelegt – ohne jegliche technische Probleme. Von Beginn an waren die Zeppeline für

Nazi-Deutschland ein Prestigeprojekt: Mit über drei Millionen Reichsmark hatte die Nazi-Regierung die Entwicklung der »fliegenden Zigarren« gefördert. Nicht allein, weil die Zeppeline zukunftsweisend für den Luftverkehr gewesen waren, sondern vor allem, weil die gigantischen Flieger perfekte Propagandainstrumente für das Dritte Reich darstellten. Die Firma Zeppelin in Friedrichshafen am Bodensee hatte den 245 Meter langen und vierzehn Meter breiten Koloß der Lüfte gebaut und trug auch die Folgen der Assoziation ihres Produkts mit dem Nazireich: Anonyme Drohungen gingen dort ein. Im April 1937 wurde die Deutsche Botschaft in Washington gewarnt: »Bitte weisen Sie die Zeppelin-Gesellschaft in Frankfurt am Main darauf hin, daß man dort vor jeder Fahrt des Zeppelins ›Hindenburg‹ sämtliche Postsendungen öffnen und überprüfen soll. Der Zeppelin wird während der Fahrt in ein anderes Land zerstört werden.« Diese Informationen wurden ernst genommen.

Erst nach einer ausgiebigen Gepäck- und Ausweiskontrolle dürfen am Montag, dem 3. Mai 1937, die sechsunddreißig Passagiere, vor allem deutsche und amerikanische Geschäftsleute, die »Hindenburg« am Abflughafen Frankfurt besteigen. Im Inneren von LZ 129, wie das Luftschiff offiziell heißt, wartet auf die Flugreisenden größter Komfort – fast wie an Bord der »Titanic« –: vierunddreißig gutausgestattete Kabinen mit fließend warmem und kaltem Wasser, sogar eine Dusche ist an Bord. Auch sonst muß in der unten am Luftschiff angebrachten Fahrgondel auf nichts verzichtet werden. Speisesaal und Rauchsalon können von den Passagieren besucht werden, und die Speisekarte des Restaurants läßt auch die Herzen von Gourmets höher schlagen.

Über der Passagiergondel befindet sich der mit zweihunderttausend Kubikmetern Wasserstoff gefüllte Ballon. Eine brisante Füllung: Wasserstoff ist in der Kombination mit Luft ein hochbrennbares Gemisch – Knallgas. Doch an Bord sind alle wohlgestimmt, als Kapitän Max Pruss aus dem Cockpit das Zeichen zum Start gibt. Um 20.16 Uhr werden die Leinen am Boden losgemacht. Langsam steigt der zweihundertzwanzig Tonnen schwere Riese in die Lüfte und schwebt, nachdem die Dieselmotoren angesprungen sind, nach Westen. Trotz einer Motorleistung von über zweitausend PS bewegt sich ein Zeppelin nicht gerade schnell – bei Windstille und in einer Flughöhe von zweihundert Metern legt er gerade mal hundertfünfundzwanzig Kilometer in der Stunde zurück. Bei Gegenwind geht es manchmal beträchtlich langsamer. Mit fünfzig Stundenkilometern kriecht dann der silberne Zeppelin mit den gigantischen Hakenkreuzen auf den Seitenrudern über das endlose Graublau des Atlantiks. Die Passagiere an Bord schreiben Briefe und Postkarten, einige sitzen in der bis drei Uhr nachts geöffneten Bar, andere genießen die Menüs auf dem eigens für das Luftschiff entworfenen »Hindenburg«-Porzellan. Drei Tage fliegt das Luftschiff über das Meer, für die Fluggäste eine entspannende Reise, die aus angenehmen Tagen an Bord besteht, und auch die Crew unter Kapitän Pruss hat nicht mit Problemen zu kämpfen.

Am Donnerstag, den 6. Mai hat die »Hindenburg« bereits amerikanischen Boden unter sich. Um 10.30 Uhr passiert LZ 129 bei Nebel, Regen und starken Gegenwinden Boston, um 14.00 Uhr kommt die grandiose Skyline von New York in Sicht. Die Passagiere bewundern die Metropole von den zwei langen Galerien aus. Die großen schräggestellten Fenster erlauben einen Blick auf die Wolkenkratzer. Ein beeindruckendes Panorama tut sich vor ihnen auf, und um 16.00 Uhr kommt der Landeflughafen von Lakehurst in Sicht. Das Wetter wird schlechter – eine bedrohliche Gewitterfront rückt immer näher. Die Passagiere, die bereits ausstiegsfertig an den Fenstern der Galerie stehen, müssen sich gedulden. Kapitän Pruss will die Landung verschieben, obwohl er schon jetzt zwölf Stunden über der geplanten Reisezeit liegt. Um das Risiko einer Bruchlandung zu vermeiden, bleibt die »Hindenburg« in der Luft, kreuzt über den menschenleeren Stränden von New Jersey und Atlantic City. Zwei Stunden lang dreht Kapitän Pruss seine Runden, als ihm um 18.12 Uhr gemeldet wird, daß die Wetterverhältnisse jetzt eine Landung möglich erscheinen lassen.

Noch zögert der Kapitän. Aber um 19.00 Uhr erhält er eine dringende Aufforderung, den Landevorgang einzuleiten. Das nächste Gewitter ist schon im Anzug. Um 19.10 Uhr dreht die »Hindenburg« über dem Landeplatz eine Kurve, um gegen den Wind niedergehen zu können, Wasserstoff wird abgelassen, damit der Zeppelin eine ausgewogene Lage hat, also möglichst waagerecht über dem Erdboden schwebt. Die Maschinisten hören das Kommando: »Volle Kraft zurück!« Um 19.20 Uhr lassen die Besatzungsmitglieder aus dem in etwa sechzig Metern Höhe schwebenden Fluggerät Hanftaue ab. Sie dienen dazu, den Zeppelin zu Boden zu ziehen. Um 19.25 Uhr beginnt dann das Inferno: Zeugen glauben, eine kleine Stichflamme auf der Oberseite des Zeppelin kurz vor dem Leitwerk zu sehen. Nur Sekunden später steht schon fast die Hälfte des Luftschiffs in Flammen. Das Feuer breitet sich rasch aus – dann, nach fünfzehn Sekunden, kommt es zur ersten Knallgasexplosion. Aus rund sechzig Meter Höhe stürzt der Zeppelin mit dem Heck voraus in die Tiefe. Die

Passagiere, die gerade eben noch den Landeanflug beobachtet hatten, werden gegen die Wände und die Fenster der Promenaden geschleudert. Noch immer befindet sich die »Hindenburg« rund dreißig Meter über dem Boden. Im Inneren herrschen Temperaturen wie in einem Backofen. Die Aluminiumträger beginnen zu schmelzen. Dann, zweiunddreißig Sekunden nach den ersten Flammen, stürzt LZ 129 mit dem Leitwerk zuerst auf dem Boden auf. Einer der anwesenden Journalisten hat die Katastrophe mit tränenerstickter Stimme live im Radio kommentiert: »Es geht in Flammen auf ... o nein, das ist grauenhaft ... es brennt, wird von Flammen umtost und stürzt auf den Ankermast und all diese Leute ... das ist eine der schlimmsten Katastrophen der Welt ... oh, es ist noch vier- oder fünfhundert Fuß hoch am Himmel ... es ist ein schrecklicher Absturz, Ladies and Gentlemen ... oh, diese Menschheit und all diese Passagiere.« Jede Einzelheit wird von den anwesenden Kameraleuten und Fotografen festgehalten: Wie einige der Passagiere aus dem brennenden Luftschiff springen. Wie eine Mutter ihre beiden Söhne kurz vor dem Aufprall aus den Fenstern wirft. Wie der Kapitän schwerverletzt aus der Führergondel klettert. Wie die Männer der Bodencrew Verletzte und Tote wegtragen. Wie langsam schwarzer Qualm der tausend Liter Dieselöl den ausgebrannten Luftgiganten einhüllen. Die ganze Szenerie, das Chaos aus Überlebenden, Reportern, Ambulanz- und Feuerwehrwagen, macht einen gespenstischen Eindruck – wie ein Wunder erscheint es vielen, daß immerhin zweiundsechzig Besatzungsmitglieder und Passagiere überleben.

Einige Tage nach dem Unglück trifft eine deutsche Untersuchungskommission in Lakehurst ein. Unter Führung des Zep-

pelin-Pioniers Hugo Eckener wird das Wrack der »Hindenburg« akribisch nach Spuren abgesucht. Sie vernehmen alle
Zeugen, sichten die Aufnahmen der Fotografen und Kamera-
leute. Doch die Bilder zeigen nie den entscheidenden Mo-
ment. Wann und wo genau das Luftschiff in Brand geraten ist,
läßt sich nicht feststellen. Auch die Untersuchung der ausgebrannten Wrackteile ist nicht ergiebiger. Viele der an Bord
befindlichen Gegenstände fehlen. Souvenirjäger hatten unmittelbar nach der Katastrophe das Wrack geplündert. Kaum
einer aus der Untersuchungskommission zweifelt daran, daß
es sich um Sabotage oder ein Attentat gehandelt haben muß.
Bei allen Sicherheits-Checks – der letzte wurde unmittelbar
vor Beginn der Luftfahrtsaison 1937 durchgeführt – wurde
kein Anzeichen für irgendeinen technischen Defekt entdeckt. Drei Wochen nach dem Inferno reist die Untersuchungskommission wieder ab. Die Unglücksursache bleibt im
dunkeln.

Nach der Rückkehr nach Deutschland gingen die Untersuchungen weiter. Bald wurde klar, daß zwei Faktoren für die
Explosion des Luftschiffes ausschlaggebend waren. Die Luft
des Zeppelins mußte sich im Inneren mit Wasserstoff angerei-
chert haben, und das so entstehende Knallgas muß durch
irgend etwas entzündet worden sein.
Für den Gasaustritt gibt es eine Reihe von Theorien: Zum
einen könnte eine Gaszelle aufgerissen worden sein (durch
einen gerissenen Spanndraht zum Beispiel), zum anderen
wäre es auch denkbar, daß ein undichtes Ventil dafür verantwortlich gewesen sein könnte.
In beiden Fällen hätte ein explosives Gemisch entstehen
können – vor allem dann, wenn der Zeppelin wie kurz vor der

Landung quasi in der Luft »stand« und nicht mehr ausreichend belüftet wurde.

Doch wie war es überhaupt möglich, daß sich das Gemisch entzünden konnte? Alle denkbaren Sicherheitsvorkehrungen gegen diesen unwahrscheinlichen Fall waren getroffen worden.

Aber vielleicht war es ganz einfach: Schon bei normalem Wetter besteht in der Luft pro Höhenmeter ein Potentialgefälle von hundert Volt. Bei einer Höhe des Zeppelins von sechzig Metern wären das sechstausend Volt. Die Gewitter könnten dieses Potentialgefälle um den Faktor zehn bis zwanzig erhöht haben. Was noch dazu kommt: Der silberne Schutzlack der Hülle war ein ausgesprochen schlechter elektrischer Leiter; so hätte also eine hohe Potentialdifferenz entstehen können, die zu einem Funken hätte führen können – ein Funken, der so kräftig war, daß er das Wasserstoff-Luft-Gemisch zur Explosion brachte. Das wurde in diversen Experimenten immer wieder nachgewiesen. Ein rein technischer Defekt ist die wahrscheinlichste Ursache für den Absturz der »Hindenburg«.

Aber es könnte natürlich genausogut ein Blitzschlag gewesen sein. Oder ein im Inneren versteckter Brandsatz. Da in der Tausend-Grad-Hitze des brennenden Zeppelins fast alle Drähte, Ventile und andere Metallteile schmolzen, ließ sich dies nicht mit hundertprozentiger Bestimmtheit klären.

Und so werden auch in Zukunft viele Fragen offenbleiben. Woher hatte der Schreiber des Drohbriefes seine Informationen? Was machte einer der Passagiere bei seinen unkontrollierten Spaziergängen an Bord der »Hindenburg«? Und was hat es mit der Luger-Pistole auf sich, die von der Polizei in den verkohlten Überresten des Luftschiffes gefunden wurde? Aus dieser Pistole wurde ein Schuß abgefeuert. Wem diese Waffe gehörte, wann – und auf wen oder was – damit geschossen wurde, konnte nie beantwortet werden. Daß sich hinter dem Absturz des Zeppelins mehr verbirgt als nur ein technischer Effekt, ist also nicht ausgeschlossen.

Marilyn Monroe

Die berühmteste Blondine des zwanzigsten Jahrhunderts stammte aus schwindelerregend wirren Verhältnissen: Sie wurde am 1. Juni 1926 als Norma Jean Baker oder Norma Jean Mortenson geboren. Nicht nur ihr wirklicher Name, sondern auch der Verlauf ihrer Kindheit ist unklar: Je nach Quellenlage hieß ihre Mutter Gladys Monroe Mortenson oder Gladys Pearl Baker, und möglicherweise kam sie kurz nach Marilyns Geburt in eine Nervenheilanstalt. Marilyn, so will es die Legende, wuchs im Waisenhaus und bei zwölf verschiedenen Pflegeeltern auf.

In Wirklichkeit verlebte sie jedoch eine einigermaßen normale Kindheit und ging zuletzt auf die Van Nuys High School im San Fernando Valley. Mit sechzehn Jahren heiratete sie einen Flugzeugmechaniker namens Dougherty und ließ sich kurz darauf scheiden, als er zur Handelsmarine eingezogen wurde. Während des Zweiten Weltkrieges arbeitete sie in einer Flugzeugfabrik in Los Angeles.

Kurz darauf ging sie ins verheißungsvolle Hollywood, machte die übliche Karriere als Fotomodell, färbte sich die Haare blond, nahm Hunderte kleinerer Rollen an und wurde schließlich als neues Schönheitsideal entdeckt – obwohl sie dem prüden Amerika mit ihren legendären Nacktfotos auf rotem Samt (die zunächst in einem Kalender und dann in der ersten Ausgabe der Männerzeitschrift *Playboy* erschienen) einen schweren Schock versetzte.

Die bekanntesten Filme ihrer Anfangszeit: *Asphaltdschungel* und *Alles über Eva* (1950), *Blondinen bevorzugt* (1952), *Wie angele ich mir einen Millionär?* (1953), *Fluß ohne Wiederkehr* (1954) und *Das verflixte 7. Jahr* (1955).

Von Januar 1954 bis Oktober 1955 war sie mit dem Baseball-spieler Joe DiMaggio verheiratet (der sie regelmäßig schlug). Um als Schauspielerin anerkannt zu werden, nahm sie ab Ende 1954 Stunden an der Actors Studio School of Dramatic Arts in New York beim berühmten Lee Strasberg, und im Juli 1956 heiratete sie den Dramatiker Arthur Miller *(Tod eines Handlungsreisenden, Hexenjagd)*.

Sie nahm eine zweijährige Auszeit, lebte mit Miller in Connecticut und kehrte 1958 nach Hollywood zurück. Sie feierte ein grandioses Comeback (wenn man nach dieser kurzen Zeit überhaupt von Comeback sprechen kann) mit dem Film *Some like it hot* (Manche mögen's heiß), einem der größten Kassen-schlager Hollywoods.

Der Untergang der Galionsfigur deutete sich an, als sie mit Clark Gable *The Misfits*, den Film ihres Mannes, drehte. Der Streifen floppte, und nach Gables Herztod warf seine Witwe der Monroe öffentlich vor, mit ihrem undisziplinierten Ver-halten den Schauspieler zur Raserei getrieben zu haben und somit indirekt schuld am Tod Gables zu sein. Ein harter Vorwurf, über den Marilyn einfach nicht hinwegkam; in die gleiche Zeit fielen auch noch mindestens zwei Fehlgeburten. Sie mußte sich in psychiatrische Behandlung begeben, und Miller ließ sich von ihr scheiden.

Im April 1962 begannen die Dreharbeiten zu *Something's got to give,* dem letzten Film innerhalb ihres ablaufenden Siebenjahresvertrages bei der 20th Century Fox. Sie erschien nur an zwölf von dreißig Drehtagen – Fox schmiß seinen Star raus. Schon vorher war sie auf der Liste der zwanzig erfolgreichsten Kassenstars nicht mehr vertreten.

Am 5. August 1962 starb Marilyn Monroe sechsunddreißigjährig in ihrer Wohnung in Brentwood, einem Vorort Hollywoods. Sie hatte vierzig Schlaftabletten eingenommen. Sie hinterließ keinen Abschiedsbrief.

Nein, nein und nochmals nein: So konnte das Sexsymbol aller Sexsymbole nicht aus dem Leben scheiden. Verschwörungstheoretiker mußten jedoch über dreißig Jahre warten, bis einigermaßen verläßliche Indizien auftauchten. So meldete sich ein Staatsanwalt, der an der Obduktion teilgenommen haben will, im Juni 1996 zu Wort. John Miner, damals Vize-Bezirksstaatsanwalt von Los Angeles, behauptete: »Marilyn Monroe wurde mit einem Gift-Klistier ermordet!« und forderte eine Exhumierung des Leichnams. Die »Beweise« Miners für die Klistier-Theorie, laut *Bild:* Ihr Körper wies keine Einstichstelle einer Spritze auf (klar, sie hatte die Schlaftabletten ja auch geschluckt); in ihrem Magen wurden keine Reste einer tödlichen Tablettendosis gefunden; ihre schlechten Leberwerte verrieten jedoch einen hohen Anteil von Barbituraten.

Den Selbstmord widerlegen auch Tonbänder, die Marilyn kurz vor ihrem Tod für ihren Psychiater besprach. Miner will die Bänder gehört haben und berichtet, daß sie über ihre Liebhaber, die Kennedys, redet, über Zukunftspläne und ihren Umzug nach New York.

Als Schlüsselbeweis für die Klistier-Theorie wird eine Waschmaschine angeführt, die in der Todesnacht lief – vielleicht um die Spuren des tödlichen Einlaufs zu beseitigen? Nun ja. Hatte etwa die Haushälterin Eunice Murray, wie es Miner andeutet, etwas mit dem Mord zu tun? Viele verdächtigen die inzwischen verstorbene Reinigungskraft des Monroeschen Bungalows. Motiv: Neid einer armen, alten Frau auf eine junge reiche Frau.

Und wer könnte hinter dem Mord an Marilyn stecken? Die beiden Autoren Milo Speriglio und Adela Gregory, ersterer laut eigener Angabe auch Privatdetektiv (u. a. mit den Klienten Elizabeth Taylor und Marlon Brando), enthüllen in ihrem Buch *Der Fall Marilyn Monroe*, daß hinter dem Mord die (Überraschung!) Mafia steckt und hinter dieser wiederum der Kennedy-Clan. Der Ablauf des Mordes: Kaum hatte Robert Kennedy, als letzter Liebhaber Marilyns, ihr Haus verlassen, klingelte es an ihrer Tür. Die Schauspielerin öffnete, denn vor der Tür stand Johnny Roselli, ein in den Filmstudios bekannter und beliebter Mann – der Statthalter des in Chicago residierenden Mafia-Chefs Sam Giancana.
Hinter Roselli dringen zwei Killer mit beunruhigenden Beinamen ins Haus: Anthony (»Die Ameise«) Spilotro und Frank (»The German«) Schweihs. Einer hält sie fest (äußerst behutsam, denn blaue Flecken wären für einen überzeugenden Selbstmord kontraproduktiv), der andere betäubt Marilyn mit Chloroform. Anschließend führen ihr die beiden ein Klistier ein, das eine Lösung aus Chloralhydrat, Nembutal und Wasser enthält, holen Tablettenpackungen aus dem Schlafzimmer, leeren sie aus, legen sie neben das Bett und verschwinden.

Ein recht eindrucksvoller Beleg der Mordthese: Nirgends wurde ein Trinkgefäß gefunden, aus dem Marilyn selbst, ob aus Suizidgedanken oder aus Versehen (diese Möglichkeit schloß die Polizei offiziell nie aus), die tödliche Dosis hätte einnehmen können.

Auch hier wird die Theorie durch schlampige Polizeiarbeit erst möglich gemacht. Auch hier gilt als Auftraggeber John F. Kennedy. Und die beiden Autoren können sogar einen Kronzeugen präsentieren: Sie bekamen während der Recherchen Besuch von einem Mann, der ein Angehöriger der 1962 erschossenen und in den Chicago River geworfenen Eugenia Pappas war. Diese wiederum war eine Freundin von Frank Schweihs. Schweihs habe ihr in einer schwachen Stunde gestanden, daß er der beste Problembeseitiger der Branche sei, weshalb man ihm auch die Sache mit der Monroe überlassen habe.

Eugenia war entsetzt, erzählte es ihrer Familie und machte mit Schweihs Schluß. Der war verärgert und wegen seiner Plaudereien besorgt und brachte die Geliebte um. Als die Familie Eugenias bei der Vermißtenanzeige erwähnte, der Exfreund sei ein Mafia-Killer, ignorierte die Polizei diese Angabe. Eugenias Hinterbliebenen hatten Angst vor dem Einfluß der Mafia auf die Polizei und schwiegen über zwanzig Jahre lang – bis die Einflußreichen von damals verstorben waren.

Die beiden Autoren gingen dem Hinweis nach und entdeckten, daß die Namen von Spilotro und Schweihs im Zusammenhang mit rund dreihundert Morden auftauchten, ehe Spilotro selbst 1986 getötet wurde. Schweihs wurde 1991, einundsechzigjährig und angeblich an Nierenkrebs leidend, in die Obhut des FBI genommen – man hörte nie wieder von ihm.

Der Tod Marilyn Monroes: Stand sie im Brennpunkt der Interessen der Kennedys, der Mafia, der CIA und gar des FBI unter J. Edgar Hoover?

Die Kennedys, nicht müde werdende Erotomanen, konnten im Hinblick auf die Wiederwahl nicht auf das Image der braven Familienväter verzichten. Marilyn wollte geliebt werden und übte wahrscheinlich erheblichen Druck auf beide aus. Wäre die Affäre öffentlich geworden, hätte es einen gewaltigen Skandal gegeben. Die Anweisung zur Ermordung sei übrigens von Papa Joseph Kennedy gekommen, dessen Sohn – quasi eine Verschwörungstheorie in einer Verschwörungstheorie – ohnehin nur williges Werkzeug seiner eigenen Machtgelüste gewesen war.

Die Mafia hatte sich von den Kennedys viel erhofft. Der Vater war einst ein wichtiger Geschäftspartner Al Capones in der Zeit des Alkoholschmuggels gewesen. Nun aber wurde die Mafia von den Kennedys, zumindest vordergründig, massiv verfolgt. Wie schon Papa Kennedy sagte: Arbeitet nicht für den Mob, sondern laßt den Mob für euch arbeiten. Die CIA arbeitete eng mit der Mafia zusammen und schmiedete Pläne zur Ermordung des kubanischen Politikers Fidel Castro. Außerdem teilte sich John F. Kennedy angeblich mit dem Chicagoer Paten Sam Giancana die Geliebte Judy Campbell – und setzte sie sogar als Kurier ein. Um nun die schwer berechenbaren Kennedys besser in den Griff zu bekommen, könnte die Mafia Marilyns Schlafzimmer verwanzt haben. Es wäre eine perfekte Erpressung, den letzten Geheimbesuch Robert Kennedys auf Tonband zu haben und danach Marilyn Monroe zu ermorden.

Doch zu einer rundum gelungenen Verschwörungstheorie gehört auch das FBI: Dessen sinistrer Direktor J. Edgar Hoover, Protagonist vieler Konspirationen, war leicht erpreßbar – daß er in seiner Freizeit Strapse getragen haben soll, gehört noch zu den harmlosesten sexuellen Vorlieben, die man ihm nachsagte. Weil er gegen die Mafia nicht ankam (oder weil die Mafia genug über ihn wußte), hatte er mit der Jagd auf die rührend harmlosen amerikanischen Kommunisten von seinem Versagen abgelenkt. Um sich trotzdem auf seinem Posten halten zu können, führte er Geheimakten über die Verfehlungen nahezu aller mächtigen Amerikaner. Die Legende besagt nun, daß auch die Kennedys ihn feuern wollten – erst als er ihnen die Dossiers über ihr Sexualleben vorlegte, blieb er im Amt. Zurück zu unserem unglücklichen Sexsymbol: Um seine Rolle bei der Bespitzelung der US-Prominenz zu verschleiern, half das FBI beim Vertuschen des Mordes mit.

Die CIA unterstützte ebenfalls die Vertuschungsaktion, um nicht ihre traditionelle Zusammenarbeit mit der Mafia zugeben zu müssen (aber was hat das eine mit dem anderen zu tun? FBI und CIA sind die größte Schwachstelle der Verschwörungstheorie um Marilyn Monroe). Die Zusammenarbeit von CIA und Mafia hatte sich schließlich nicht nur bei den mörderischen Absichten gegen Fidel Castro manifestiert, sondern beispielsweise auch bei der Invasion Siziliens im Zweiten Weltkrieg.

Marilyn Monroe, behaupten viele, war die schönste Frau der Welt: Heutige Diven reichen nicht annähernd an ihren Glanz und ihren Sexappeal heran. Da kann es nur gerecht sein, daß Marilyn posthum eine der beeindruckendsten Verschwörungstheorien für sich reklamiert.

Area 51

Die wohl größte Verschwörungstheorie nahm ihren Lauf am 3. Juli 1947: Der Vorarbeiter einer Ranch bei Roswell, New Mexico, stolpert bei der Suche nach Schäden an Zäunen über die Reste eines merkwürdigen Objekts. Nach Einschätzung des Mannes handelte sich dabei um eine Art »fliegende Scheibe«. Und am nächsten Tag berichtet der *Roswell Daily Record*, daß ein Ehepaar am 2. Juli 1947 gegen zehn Uhr abends ein großes leuchtendes Objekt am Himmel gesehen hätte. Und dann behauptet auch noch ein Sicherheitsoffizier der nahe Roswell stationierten 509. Bomberstaffel der US-Air-Force öffentlich über den Fund: »Das Material hat nicht gebrannt, es hat nichts gewogen, es war nicht mal dicker als das Silberpapier von Zigarettenschachteln. Ich habe versucht, es zu biegen, aber es ließ sich nicht biegen. Es war ein Ufo. Unter den Trümmern befanden sich auch die Leichen von Außerirdischen.«

Dann verschwanden die Überreste des mysteriösen Flugobjekts. Die US-Army dementierte alle Gerüchte und sprach nur noch von einem abgestürzten Wetterballon. Niemand hat seither die »fliegende Scheibe« gesehen. Doch die Gerüchte, daß seit diesem Zeitpunkt Ufos immer wieder auf der Erde landen, sind nach diesem Juli 1947 nie wieder verstummt. Im

Gegenteil: Die Spekulationen nahmen immer verrücktere Formen an: Angeblich sollen bei dem Ufo-Absturz einige der Aliens überlebt haben: ein Meter fünfzig groß, menschenähnlich, mit großen Köpfen. Und die amerikanische Regierung soll, unter der Führung des damaligen Präsidenten Truman, gar einen Pakt mit den Besuchern aus dem Weltall geschlossen haben. Seitdem landen also die extraterrestrischen Besucher immer wieder in der Wüste von Nevada und beglücken uns unbedarfte und etwas zurückgebliebene Erdlinge mit den Segnungen zukunftsträchtiger Technik. Was zumindest die amerikanische Armee gleich in die Tat umsetzte. Denn auf diese Weise sollen die US-Militärs Kenntnisse gewonnen haben, die sie befähigten, für die Radarüberwachung unsichtbare Fluggeräte zu bauen, die mit vielfacher Schallgeschwindigkeit fliegen können.

Die Stealth-Bomber wären demgemäß die direkte Folge der fruchtbaren Zusammenarbeit mit den Außerirdischen? Das klingt fast so, als ob es direkt dem Drehbuch von Roland Emmerichs Film *Independence Day* entstammen würde. Aber natürlich gibt es auch für so verwegene Behauptungen Augenzeugen. Und tatsächlich zeigte der Physiker Robert Lazar 1989 in einer Talkshow Skizzen eines Flugobjekts mit Reaktor und behauptete, daß in einem streng bewachten Militärstützpunkt der US-Armee Aliens verborgen werden. Ufologen wissen sogar über die genaue Zahl Bescheid: neun Ufos und mehrere lebende Aliens vermuten sie an einem geheimen Ort.

Robert Lazar arbeitete eine Zeitlang (dies belegte er mit Gehaltsabrechnungen) in dem hermetisch abgeriegelten »Area 51 Research Center«, hundertfünfzig Kilometer nördlich von Las Vegas.

Was mit Area 51 beschrieben ist, ist eigentlich nur der Groom Lake, ein riesiger trockener Salzsee, der verschiedene Testeinrichtungen, Hangars, Rollbahnen und Baracken beherbergt. Ein geheimer Luftwaffenstützpunkt, dessen Existenz von der US-Regierung lange geleugnet wurde, der auf Landkarten als nicht vermessen eingezeichnet ist, offiziell also überhaupt nicht existiert. Von außen ist das Gelände nicht einsehbar, auf den Anfahrtswegen herrscht aber immer wieder hektische Aktivität. Hier fahren Busse mit verhängten Scheiben, fliegen schwarze Helikopter ohne Hoheitskennzeichen, patrouillieren Wachen in Kampfanzügen in nicht registrierten Fahrzeugen. Warum das so ist, ist für Ufologen ganz klar. Der große Sicherheitsaufwand wird betrieben, um die Existenz von Außerirdischen zu verschleiern. Area 51 ist so etwas wie der Heilige Gral der Kontaktsucher mit E.T.s (Extra-Terrestrials = Außerirdische).

Dabei ist Area 51 (auch Dreamland oder S-4 genannt) auf den ersten Blick kein allzu mysteriöser Ort, wenngleich er auch erschreckende Seiten hat. Sechsunddreißig Wochen im Jahr spielt die US-Luftwaffe hier Krieg, und die B-52-Bomber fliegen dabei so tief, daß ihr Schatten vorbeifahrende Autos verschluckt. Nachts lassen bei Tests von Waffensystemen die Scheinwerfer und Funkenregen die Berge taghell leuchten. Auf dem mit Warnschildern (»Use of Deadly Force Authorized«) gespickten Sperrgebiet befindet sich die mit zehn Kilometern längste Landebahn der Welt, auf der mit neu entwickelten Flugzeugen Starts und Landungen getestet werden. Hier steigen streng geheime Düsenjets in die Luft – Area 51 ist die Heimat der Stealth-Bomber und dem legendenumwobenen Spionage-Raketenprojekt mit dem Namen Aurora.

An dem Stützpunkt vorbei führt der Highway 375. Die Trasse der Wüstenautobahn durchquert eine der verlassensten Gegenden der USA. Auf einer hundertfünfzig Kilometer langen Strecke verkehren pro Tag nur etwa fünfzig Autos. Die Regierung Nevadas hat den Highway inzwischen umgetauft in: »Highway der Außerirdischen«, denn schließlich bringt die Schnellstraße eine ganze Reihe von Ufo-Touristen nach Nevada, vor allem in den kleinen Ort Rachel, der zum Mekka aller E.T.-Gläubigen geworden ist. Rachel in Nevada hat hundert Einwohner, keine Tankstelle, keine Schule. Aber der Ort hat das »A-Le-Inn-Motel und Bar«, wo man in aller Ruhe ein Budweiser-Bier trinken und einen Alien-Burger essen kann. Dort, in dem mit Raumschiffen, Alienköpfen und anderen Merkwürdigkeiten geschmückten Restaurant, reden sich die Ufo-Sucher gern mal in Rage. Wenn einer lautstark behauptet, daß Regierung und CIA mit den Außerirdischen einen Angriff auf die Erde planen, ermahnt ihn ein anderer, daß sie ihn überall hören können. Leise wird dann weiterspekuliert: Laserwaffen, Plasmawaffen ... Oder: Die US-Air-Force verkauft hier Bor und Arsen an Ufo-Besatzungen, weil die Außerirdischen ohne diese Stoffe nicht leben können. Daß Aliens schon längst unbemerkt unter uns weilen, würden die dort Anwesenden nie ernsthaft in Frage stellen. Und jede Nacht ist in der Wüste Showtime: Dann gehen die Ufo-Jünger – bepackt mit Fernrohren, Feldstechern und Fotoapparaten – nach draußen, um endlich ein Außerirdischen-Raumschiff live zu sehen. Doch was wie ein geheimnisvolles Raumschiff mit blinkenden Positionslichtern erscheint, entpuppt sich als simple Frachtmaschine des Typs Boeing 737, die jenseits der Berge landet.

Jenseits der Berge befindet sich Area 51. Über die Popularität der Gegend rund um den Stützpunkt sind US-Regierung und Militär alles andere als erfreut. Denn Area 51 ist eine Art Institution bei Geheimniskrämern der Dienste und Rüstungsproduzenten mit einer langen Geschichte: In den fünfziger Jahren entwickelten dort die CIA und die Firma Lockheed vom Kongreß kaum kontrollierte Spionageprogramme. 1954 startete dort die U2, Amerikas berühmtes Spionageflugzeug, das nach dem Abschuß über sowjetischem Hoheitsgebiet eine Weltkrise auslöste. Danach wurde dort die A-12 entwickelt, ein Düsenflugzeug mit 3,2facher Schallgeschwindigkeit, das Nordvietnam ausspähte und nur zwölfeinhalb Minuten brauchte, um das ganze Land zu überfliegen. Was heute dort entwickelt wird, ist auch für Experten ein kaum lösbares Rätsel: Die Portale der Flugzeughallen sind nur nachts geöffnet. Einige Beobachter wie der Fachautor Bill Sweetman vermuten, daß zur Zeit ein hyperschnelles Spionageflugzeug mit achtfacher Schallgeschwindigkeit erprobt wird. Und unter dem Codenamen »Aurora« wird eine methangetriebene Kreuzung aus Rakete und Düsenjäger entwickelt.

Eingefleischten Verschwörungstheoretikern ist das längst nicht genug: Von zerstörerischen Schallwaffen, Experimenten mit Kindern und Atombomben ist die Rede. Beweise gibt es natürlich nicht, und das wird die Spekulationen weiter wuchern lassen. Ihr Scherflein trägt wie immer die Verschleierungstaktik der US-Regierung bei. Am 28. Februar erließ Sheila Widnall, die Luftwaffenministerin der USA, eine weitreichende Geheimhaltungsvorschrift. Um Fragen nach dem Stützpunkt abzuwehren, ist die Verbreitung einschlägiger Informationen, ja selbst die Verwendung fiktiver Namen wie »Dreamland« oder »Schweinefarm« (so bezeichnen Piloten den Stützpunkt im Funkverkehr) ab sofort untersagt. »Man muß davon ausgehen, daß sonst die nationale Sicherheit der USA schwerstens gefährdet wird.«

Was die Sicherheit der USA gefährden könnte, sind aber nicht Ufos und Aliens, sondern nach Ansicht des Rechtsprofessors George Turley ganz irdische Phänomene. Er behauptet, auf der Basis werden exotische Lacke, Harze und Lösungsmittel verbrannt. Area 51 ist eine geheime Giftmülldeponie. Die Chemikalien wurden auf dem Testgebiet in offenen Gräben deponiert, später mit Kerosin übergossen und angezündet. Nach Zeugenberichten stiegen aus den Gräben Qualmwolken und stechende Gase, als Arbeiter das Anti-Radar-Material verbrannten, das bei der Produktion des Tarnbombers F-117 A anfiel. Anwalt Turley vertritt sechs dieser Arbeiter. Da es beim Füllen und Abfackeln der Gräben weder Atemschutzgeräte noch Spezialkleidung gab, sind die Männer alle schwer erkrankt, sie leiden an Leberkrebs und toxischen Ekzemen. Einer von ihnen ist bereits verstorben. Doch die gerichtliche Auseinandersetzung verläuft ausgesprochen zäh. Das Washingtoner Umweltministerium behauptet, daß der Stützpunkt im Verzeichnis bundeseigener Liegenschaften nicht aufgeführt ist, folglich auch nicht existiert. Und wenn das ganze Gelände nicht existiert, kann auch der Befund von Biochemikern, die in Gewebeproben des verstorbenen Arbeiters hohe Werte von Dioxin und Dibenzofuranen festgestellt haben, nur fiktiv sein. So läßt sich erklären, warum Informationen über Area 51 die Sicherheit der USA gefährden könnten: Vor Gericht würde möglicherweise die Zusammensetzung der radarunsichtbarmachenden Spezialbeschichtung der Tarnbomber bekannt werden.

Nachtrag: Nach einem Bericht des Fachblattes *Popular Mechanics* soll Area 51 vom Groom Lake in Nevada in den Nachbarstaat Utah verlegt werden. Dort wird ein ehemaliger Raketenstartplatz hergerichtet, um einen Weltraumgleiter zu erproben. Dieser Gleiter soll als fliegende Plattform eingesetzt werden, um Militärsatelliten im Weltraum auszusetzen und gegnerische Satelliten zu bekämpfen.

John F. Kennedy

Noch heute können viele Leute nicht fassen, was in Dallas passiert ist. Drei Schüsse eines geistesgestörten Einzeltäters haben das Leben des amerikanischen Präsidenten John F. Kennedy ausgelöscht; diese Tat war so unfaßbar und dämonisch, daß sie, so die allgemeine Meinung, unmöglich von einem Menschen allein hätte begangen werden können.

Um diesen wohl größten Schock in der US-Geschichte zu verstehen und um zu erkennen, warum die Schüsse von Dallas zum wichtigsten Rüstzeug der Verschwörungstheoretiker gehören, muß man in die unsichere Zeit des Kalten Krieges zurückkehren – erst ein Jahr zuvor, während der Kuba-Krise, war die Welt an den Rand einer nuklearen Katastrophe gerutscht.
In Washington brachen am frühen Nachmittag des 22. Novembers 1963 die Telefonleitungen zusammen. Autos rasten die Straßen entlang und ignorierten rote Ampeln und Stoppschilder. Menschen verließen die Stadt, weil sie das Gefühl hatten, etwas Schreckliches würde dem Schrecklichen folgen. Elftausend Meter über dem Pazifik flogen hohe Beamte der Kennedy-Administration Richtung Japan. Gefangen in dem Flugzeug und mitten über dem Meer, dachten viele, daß nun

eine riesige Verschwörung beginnen würde. Finanzminister Douglas Dillon vermutete, eine Nuklearbombe würde über einer amerikanischen Stadt explodieren. Außenminister Dean Rusk betete: »Möge Gott uns helfen.«

Im Hauptquartier der CIA in Langley, Virginia, waren selbst die Chefs besorgt. »Wir machten uns für die Schlacht bereit«, so Richard Helms, damals der zweithöchste Beamte des Geheimdienstes, »denn wir hatten höllische Angst. Wir dachten: Wer zieht die Fäden? Was würde als nächstes passieren?«

Amerikas Führer hatten in den Stunden und Tagen nach dem Attentat eine große Sorge: Daß die Öffentlichkeit Rache für den Tod ihres Präsidenten fordern würde. Daß die Öffentlichkeit die Russen verdächtigen würde. Daß die vorsichtigen Schritte zum friedlichen Miteinander, die Kennedy und Chruschtschow eingeleitet hatten, zerstört werden würden.

Im Kontext dieser Denkweise mag zumindest verständlich sein, warum sofort und ohne große Prüfung die Strategie ausgegeben wurde, Lee Harvey Oswald um fast jeden Preis zum Einzeltäter zu machen. Die Warren-Kommission, ein Untersuchungsausschuß des US-Kongresses, kam im September 1964 zum selben Schluß, doch arbeitete sie in vielen Details zu schlampig, obwohl sie sich auf die Ermittlungen von achtzig FBI-Agenten stützte, die 25 000 Verhöre durchführten und 2300 Berichte mit insgesamt 25 400 Seiten schrieben.

Die nebulösen Vorgänge nach dem Mord waren eine ideale Vorlage für Verschwörungstheoretiker, die Kennedys Tod naturgemäß als Lieblingsfall okkupierten. Zu mächtig, zu charismatisch, zu beliebt und zu jung war der irischstämmige

Katholik, als daß ein einzelner Verrückter ihn einfach so getötet haben könnte. Tatsächlich glauben heute achtzig Prozent aller Amerikaner nicht, daß Lee Harvey Oswald alleiniger Täter gewesen ist.

Oswald wurde 1939 in New Orleans geboren; zwei Monate, nachdem sein Vater gestorben war. Die labile Mutter gab ihn und seine Brüder zunächst in ein Waisenhaus, dann holte sie ihn zurück und zog mit ihm dreizehnmal um, noch bevor er zehn Jahre alt war. Als Neunjähriger attackierte er einmal seinen Halbbruder mit einem Schlachtermesser; als Dreizehnjähriger antwortete er auf die Frage, ob er lieber mit Mädchen oder Jungen zusammen sei: »Ich hasse sie alle«; später sollte er regelmäßig seine Frau schlagen.

Er versuchte stets, irgendwo dazuzugehören; er versuchte stets, an irgend etwas zu glauben. Mit sechzehn bat er brieflich um die Aufnahme in die Jugendorganisation der Sozialistischen Partei Amerikas, und ein paar Wochen später ging er zu den Marines, eine Eliteeinheit der US-Armee. Dort blieb er ein Einzelgänger und las viel über Marxismus. Er qualifizierte sich als Scharfschütze, verletzte sich selbst mit der Waffe, während er in Japan stationiert war. Im November 1959 bat er um Entlassung und führte den schlechten Gesundheitszustand seiner Mutter an – doch ein paar Tage nach der Entlassung war er in England und ging von dort nach Moskau. Die Bürokraten in Rußland wußten nicht, was sie mit dem merkwürdigen zwanzigjährigen Amerikaner anfangen sollten, der ihnen alles verraten wollte, was er bei den Marines gelernt hatte. Logischerweise dachten sie, er wäre ein Spion der anderen Seite. Außerdem: »Er hatte keine Kontakte, die wir interessant fanden, und er hatte keine Informationen, die wir nicht schon wußten«, erzählte KGB-Leiter Wladimir Semichastny gegenüber dem US-Nachrichtenmagazin *Newsweek*, das gemeinsam mit der Tageszeitung *Washington Post* und dem Fernsehsender CBS im Jahr 1993 eine umfangreiche Untersuchung veröffentlichte. Die Medien kamen übrigens, mit Einschränkungen, zum Ergebnis, daß Lee Harvey Oswald allein gehandelt hatte.

Die Russen verweigerten ihm die Staatsbürgerschaft und schickten ihn nach Minsk, wo er in einer Radiofabrik arbeitete. Nun haßte er Rußland. Er heiratete Marina Nikolajewna Prussakova und kehrte mit ihr und der gemeinsamen Tochter 1962 zurück nach Amerika.

Sie ließen sich in Texas nieder, und Oswald hatte erhebliche Probleme, eine Anstellung zu finden. Durch einen Freund begann er, Rechtsradikale zu hassen, und verübte im April 1963 mit seinem Mannlicher-Carcano-Gewehr (einundzwanzig Dollar bei einem Chicagoer Versandhaus) einen Anschlag auf den bekannten Fanatiker Edwin Walker. Eine Fenstersprosse lenkte das Geschoß ab. (Erst nach dem Kennedy-Mord, sieben Monate später, stellte sich heraus, daß Oswald diesen Schuß abgegeben hatte.)

Der labile Oswald entdeckte nun seine Schwäche für Fidel Castro und gründete das »Fair Play for Cuba Committee«. Er wollte nach Kuba auswandern und fuhr deswegen mit dem Bus nach Mexiko City in die kubanische Botschaft. Dort erfuhr er, daß er nur mit einem sowjetischen Visum einreisen konnte, und das wollte ihm niemand ausstellen.

Frustriert kam er im Oktober 1963 zurück. Seine Ehe mit der Russin Marina war inzwischen ein Desaster. Das zweite Kind war unterwegs, und Oswald bemühte sich verzweifelt um einen Job. Am 15. Oktober fand er eine Anstellung im »Texas School Book Depository« an der Elm Street im Zentrum von

Dallas. Am 19. und 20. November druckten Zeitschriften die Route der Kolonne des Präsidenten ab.

Am 22. November fuhr Oswald, wie gewöhnlich, mit seinem Nachbarn Buell Frazier zur Arbeit. »Was hast du da in dem Paket?« fragte Frazier. »Gardinenstangen«, antwortete Oswald. Als Oswalds Frau Marina aufwachte, fand sie auf dem Schreibtisch Oswalds Ersparnisse von hundertsiebzig Dollar und den Ehering, den er bis dahin nie abgezogen hatte.

Oswald schoß aus dem fünften Stock seines Arbeitsplatzes zwischen 12.30 Uhr und 12.31 Uhr innerhalb von dreißig Sekunden dreimal auf Kennedys Wagen. Die erste Kugel wurde von Bäumen abgelenkt. Der zweite Schuß durchschlug Kennedys Nacken, trat am Hals aus und verletzte den vor Kennedy sitzenden Gouverneur Connally. Die dritte Kugel zerschmetterte den Kopf Kennedys.

Gegen 13.15 Uhr erschoß ein Mann im Stadtteil Oak Cliff mit einem Revolver den Streifenpolizisten J. D. Tippit. Der Mann flüchtete ins Kino Texas Theatre und wurde dort gegen 13.45 Uhr in der drittletzten Reihe festgenommen. Es war Oswald. Sowohl das Gewehr als auch der Revolver stammten definitiv von Oswald. Die Schüsse auf Tippit waren eindeutig aus Oswalds Revolver, die Schüsse auf Kennedy waren eindeutig aus Oswalds Gewehr abgefeuert worden.

Also ist alles klar? Noch nicht. Denn zwei Tage später war Oswald tot. Als er in ein anderes Gefängnis überführt werden sollte, wurde er von dem zwielichtigen Barbesitzer Jack Ruby erschossen.

Ruby wuchs in Chicago auf, wo seine Gang unter anderem Botendienste für Al Capone erledigte. Seine bizarren Lebensumstände verursachten Mißtrauen. Besonders verwunderlich: Ruby reiste 1959 dreimal nach Kuba – möglicherweise, um Santos Trafficante zu besuchen, der als Mafia-Boß in Havanna eine Haftstrafe verbüßte. Trafficante war einer der Dons, die mächtig sauer auf Kennedy waren; die Mafia war überzeugt, Kennedy zu dem (außergewöhnlich knappen) Wahlsieg über Nixon verholfen zu haben – dies belegen von FBI und CIA abgehörte Telefonate. Und nun hetzten der Präsident und sein Bruder Robert Polizei, FBI und CIA auf die Unterwelt.

Dazu kam, daß der erste Gedanke vieler Washingtoner war, Castros Kuba stecke hinter der Ermordung Kennedys. Die Kennedy-Brüder, insbesondere Robert (auch das ist gesichert), wollten die CIA dazu bringen, Castro zu ermorden. Castro hatte Wind von den Plänen bekommen und gedroht, seinerseits Kennedy ermorden zu lassen. Im September 1963 sagte er: »Wir sind vorbereitet, zu antworten. Die Führer der Vereinigten Staaten müssen wissen, daß sie, wenn sie planen, kubanische Führer zu eliminieren, selbst nicht sicher sind.« Viele Offizielle fürchteten, daß Castro zuerst zugeschlagen hatte. Und Robert Kennedy, der 1968 selbst Opfer eines Attentats wurde, fühlte sich schuldig am Tod seines Bruders. Außerdem telefonierte Ruby in den Wochen vor dem Kennedy-Mord exzessiv mit seinen Kontaktleuten in der Unterwelt. Biographen Rubys (er starb 1967 an Krebs) vermuten, daß er Schulden bei der Mafia gehabt hatte, die ihn gezwungen haben könnten, Oswald zum Schweigen zu bringen.

Als Motiv gab er mal an, daß er ein Held sein wollte, mal, daß er Jackie Kennedy die Tortur eines Prozesses ersparen wollte. Dazu kam die merkwürdige Strategie seines Verteidigers Melvin Belli, der behauptete, Ruby leide unter Epilepsie und habe Oswald während eines durch einen Anfall verursachten

Blackouts erschossen. Ruby wurde zum Tode verurteilt, doch der Prozeß mußte wegen eines Formfehlers neu aufgerollt werden, und während der zweiten Verhandlung starb Jack Ruby.

Im Jahr 1978 gab die amerikanische Politik dem Druck der Öffentlichkeit nach; ein Untersuchungsausschuß rollte den Fall auf und kam zu der Überzeugung, es bestehe »eine hohe Wahrscheinlichkeit, daß zwei Schützen feuerten«. Das Urteil gab den Verschwörungstheoretikern enormen Auftrieb. Die Kommission, Abgeordnete des Repräsentantenhauses, berief sich auf ein Tonband des Polizeifunks, auf dem sie einen vierten Schuß gehört haben wollte. Namhafte Forschungsinstitute belegten später aber, daß es sich bei den »Schüssen« um statische Geräusche handelte. Außerdem entstammten die Funksignale von einem Motorrad, das weit vom Tatort entfernt stand. Klar, daß diese Einwände überhört wurden.

Ein genauer Blick auf jede einzelne Verschwörungstheorie zeigt deutlich, daß keine von ihnen haltbar ist. Am unwahrscheinlichsten ist die Theorie, daß es die Russen waren. Chruschtschow und Kennedy wollten nach der dramatischen Kuba-Krise die Entspannungspolitik vorantreiben. Dazu kam, daß der KGB Oswald für einen Verrückten hielt.
Auch Kuba dürfte nicht dahinterstecken. Castro sagte 1978, daß es eine »ungeheuere Verrücktheit« gewesen wäre, die Ermordung Kennedys zu empfehlen – trotz der versuchten Invasion an der Schweinebucht. Hätte sich auch nur ein schlüssiges Indiz ergeben, daß Castro hinter dem Attentat steckt, wäre das kleine Kuba, wie es ein Militär formulierte, in die Steinzeit zurückgebombt worden. Dennoch könnte es

eine Verbindung geben: Castros bereits erwähnte Drohung gegen amerikanische Spitzenpolitiker wurde im September 1963 groß in der *New Orleans Times* abgedruckt – als Oswald gerade in der Stadt weilte.

Etwas plausiblere Theorien drehen sich um Exil-Kubaner und deprimierte Agenten. Viele Exil-Kubaner waren enorm enttäuscht von Kennedy wegen der gescheiterten Invasion in der Schweinebucht. Im Sommer 1963 begann die Kennedy-Regierung, extremistische Gruppen wie »Alpha 66«, die von den USA aus einen Umsturz in Kuba planten, massiv unter Druck zu setzen. Denkbar ist, daß sich die Eiferer für den Tod ihrer Brüder in der Schweinebucht rächen wollten.

Die Verschwörungstheorie mit den meisten Anhängern ist auch vom zweiten Untersuchungsausschuß 1978/79 unterstützt worden – jener Untersuchungsausschuß, der den »vierten Schuß« zum Kernpunkt seiner Thesen machte. Demnach sei Kennedy vom organisierten Verbrechen umgebracht und Oswald von Ruby ebenfalls im Auftrag der Mafia beseitigt worden. Das Motiv: Die Kennedys, insbesondere Robert, loszuwerden.

Ein Argument spricht gegen eine Mafia-Verschwörung, nämlich die Schläue der Mafiagrößen: Sie sind über Jahrzehnte hinweg die Dons geblieben, weil sie versteckt und vorsichtig agiert haben; die Ermordung Kennedys jedoch hätte nicht nur das hohe Risiko einer Entdeckung beinhaltet, sondern auch zu einer dauerhaften politischen Instabilität geführt.

Das wichtigste Argument gegen alle Verschwörungstheorien ist jedoch Oswald selbst. Wer auch immer eine Konspiration gegen Kennedy angezettelt hätte: Niemals hätte er auf einen dermaßen labilen Verrückten zurückgegriffen. Man kann sich kaum einen ungeeigneteren Killer vorstellen als den paranoiden Oswald. Und den Job im »Texas School Book Depository« trat er zu einem Zeitpunkt an, als die Route des Präsidentenkonvois noch nicht feststand – ja, als noch nicht einmal feststand, daß Kennedy überhaupt Dallas besuchen würde. Es gibt keinerlei Hinweise auf irgendwelche Kontakte zwischen Oswald und der Mafia oder einer anderen Gruppe.

Und wäre Ruby von jemandem bezahlt worden, warum erschoß er dann Oswald nicht schon am Freitag abend während der ersten kurzen Pressekonferenz, als Oswald in nur einem Meter Entfernung an ihm vorbeiging? Er verhielt sich auch nicht gerade wie ein sinistrer Killer, denn das gesamte Wochenende trieb er sich in der Dallas Police Station herum und verteilte Freikarten für seine Nachtklubs.

Ein merkwürdiger Vorfall ereignete sich aber doch: Als Staatsanwalt Henry Wade während der Pressekonferenz sagte, Oswald gehöre zum »Free Cuba Committee«, korrigierte Ruby laut: »No, it's Fair Play for Cuba.« Ruby erklärte später, er hätte es im Radio gehört.

Bekannte von Ruby erklären, daß er den Mord niemals geplant habe, weil er seinen geliebten Hund Sheba im Auto ließ, als er die Polizeistation betrat. Kein schlüssiges Argument, denn andererseits glaubte er fest daran, ein Held zu werden, und wunderte sich über die Verhaftung.

Kronzeugen der Verschwörungstheoretiker sind ebenfalls wenig glaubhaft. Die Augenzeugin Jean Hill, die auf dem berühmten Grashügel stand, von dem aus der ominöse vierte Schuß gefallen sein sollte und die auch in Oliver Stones Film JFK eine prominente Rolle spielte, will den zweiten Schützen und sogar einen Schußwechsel zwischen dem fliehenden Täter und Zivilbeamten gesehen haben. Sie verblüffte die Polizei jedoch durch ihre Aussage, zwischen dem Präsidenten und seiner Frau Jackie habe ein großer weißer Hund gesessen.

Am wahrscheinlichsten ist also, daß John F. Kennedy von einem verrückten Einzeltäter erschossen wurde, der seinerseits von einem verrückten Einzeltäter erschossen wurde. Es ist ein beinahe unerträglicher Gedanke, daß man nur einundzwanzig Dollar und ein Fenster mit Aussicht brauchte, um den mächtigsten Mann der Welt zu töten – so unerträglich, daß viele Amerikaner es einfach nicht wahrhaben wollen. Die Wahrheit scheint aber zu sein: Oswald tötete Kennedy aus dem schlichten Grund, weil sich ihm eine Gelegenheit dazu bot.

Martin Luther King jr.

Im Gegensatz zu vielen anderen Fällen kursierten nach dem Mord an dem charismatischen Martin Luther King jr. schon sehr bald Verschwörungstheorien. Als erste deutsche Zeitung sprach die *Welt* am 24. April 1968, gerade zwanzig Tage nach der Tat, von einer »weiten Verschwörung«, andere Zeitungen wie die *Süddeutsche Zeitung* und die *Frankfurter Rundschau* zogen kurz darauf nach. Im März 1969 glaubte auch der *Spiegel* an ein mögliches Komplott – und der *Spiegel* blieb bei dieser Einschätzung. Erst 1997 schrieb das Nachrichtenmagazin, sonst skeptisch gegenüber jeglicher Konspirationsspekulation: »Es gibt Indizien für die ungeheuerliche Vermutung, daß der Farbigenführer Opfer eines Komplotts geworden ist, ein gedungener Killer ihn umgebracht hat. Und womöglich geschah das im Auftrag des FBI.« Und weiter: King bedrohte »die Interessen des militärisch-industriellen Komplexes und die Ideologie und Mentalität der Kalten Krieger«.

Weitere prominente Befürworter: Griffin Bell, US-Justizminister unter Präsident Carter, sagte, man müsse sich beim King-Mord fragen, »ob nicht eine Verschwörung am Werk war«. Und Jesse Jackson, der prominenteste farbige US-Politiker und zweimalige Bewerber für die Präsidentschaftskandidatur der Demokratischen Partei, bekannte, er habe »den starken Verdacht, daß es eine Regierungsverschwörung gab mit dem Ziel, Martin Luther King zu töten«. Willie Herenton, Bürgermeister der Stadt Memphis, sagt: »Ich denke, dieser Fall ist viel komplizierter, als wir uns das vorstellen können.«

Dabei schien zunächst alles so klar. Doch der Reihe nach: Martin Luther King jr. kam als Michael King jr. am 15. Januar 1929 in Atlanta, Georgia, zur Welt. Aus Bewunderung für den Reformator ließ sein Vater sowohl seine eigenen wie auch die Vornamen seines Sohnes entsprechend ändern. Als bester Student des Crozer Theological Seminary erhielt King jr. ein Stipendium, das ihn in Boston und Harvard studieren ließ.
1955 promovierte King zum Dr. phil. und engagierte sich zunehmend für die Rechte der Schwarzen, indem er sie zum Beitritt in die NAACP (National Association for the Advancement of Colored People) und andere Organisationen überredete. Wie Gandhi propagierte er den gewaltfreien Umbau der Gesellschaft und wurde zum bedeutendsten Führer der schwarzen Minorität in den Vereinigten Staaten.
1963 hielt King am Abraham-Lincoln-Denkmal in Washington vor Hunderttausenden seiner Anhänger die berühmt gewordene Rede »I have a dream«: »Ich habe einen Traum, der im amerikanischen Traum verwurzelt ist. Ich habe einen Traum, daß eines Tages die Söhne früherer Sklaven mit den Söhnen früherer Sklavenbesitzer in den roten Bergen von Georgia am Tisch der Brüderlichkeit zusammensitzen. Ich habe einen Traum, daß eines Tages meine vier Kinder nicht nach ihrer Hautfarbe, sondern nach ihrem Charakter beurteilt werden.«
Im Oktober 1964 erhielt King den Friedensnobelpreis, aber vielen Farbigen war Kings Vorgehen zu gewaltlos: Sie forder-

ten zum aktiven Widerstand auf, und auf einer Konferenz im Sommer 1967 in Newark gab es sogar Forderungen nach einem getrennten, weißen und schwarzen Staat in den USA. King geriet zwischen die Fronten; weiße Rassisten bedrohten ihn ebenso wie militante Schwarze. Von dunklen Ahnungen verfolgt (es hatte schon oft Anschläge auf ihn gegeben), sagte er vierundzwanzig Stunden vor seinem Tod: »Was auch immer passieren mag, hat jetzt keine Bedeutung mehr. Ich habe auf dem Gipfel des Berges gestanden.«

Der Baptistenprediger Martin Luther King jr. wurde am 4. April 1968 in Memphis/Tennessee erschossen. Er war gekommen, um die seit zwei Monaten streikenden tausenddreihundert Müllmänner der Stadt zu unterstützen. Der Schuß traf King, als er auf dem Balkon seines im zweiten Stockwerk gelegenen Zimmers mit der Nummer 306 des Hotels »Lorraine« stand, den Rücken der Straße zugekehrt, mit Mitarbeitern die Pläne für eine Demonstration besprechend. Der Schütze hatte aus dem Badezimmer einer siebzig Meter entfernten Pension gefeuert und King in den Hals getroffen. Zeugen beschrieben den Schützen als hochgewachsenen Weißen mit spitzer Nase und sandfarbenem Haar.

Die Polizei fand ein Gewehr, eine Remington 30.06, und auf dieser Waffe die Fingerabdrücke des Kleinkriminellen James Earl Ray. Dieser konnte entkommen und erst nach einer zweimonatigen Flucht durch Kanada und mehrere europäische Länder auf dem Londoner Flughafen Heathrow festgenommen werden.

Amerika brannte. Kurz nachdem die Nachricht von Kings Tod verbreitet wurde, mußten allein in Memphis viertausend Mann der Nationalgarde die Unruhen unterdrücken. Weitere

Zentren der Wut waren Nashville, Greensboro, Raleigh und auch New York und Washington. In den zehn Tagen nach Kings Tod starben einundvierzig Schwarze und fünf Weiße bei Ausschreitungen – ein seltsames Denkmal für den Verkünder der Gewaltlosigkeit.

Schwacher Trost für James Earl Ray: In einem simulierten Prozeß wurde er am 4. April 1993, dem 25. Todestag Martin Luther Kings, freigesprochen. Der britische »Channel 4« übertrug eine simulierte Verhandlung mit prominenten Richtern a. D. und pensionierten Anwälten direkt aus Memphis, und das Geschworenengericht, das zur Hälfte aus Afroamerikanern bestand (im echten Prozeß saßen zehn Weiße und zwei Schwarze), befand den Angeklagten für »nicht schuldig«. Ray, der per Video zugeschaltet war: »Ich bin zufrieden, daß endlich eine unabhängige Jury die Angelegenheit untersucht und mich für unschuldig erklärt hat.«

Der wirkliche Prozeß verlief enttäuschend für die Öffentlichkeit, die Aufklärung forderte. Ray gestand die Tat und wurde daher sofort und ohne Verhandlung zu neunundneunzig Jahren Haft verurteilt. Dies bewahrte Ray vor der Todesstrafe; wie Jahre später herauskam, hatte ihm sein Anwalt, der berühmte Percy Foreman, eingeredet, er würde ohne Geständnis auf dem elektrischen Stuhl landen.

Drei Tage nach der Verurteilung widerrief Ray sein Geständnis und forderte einen neuen Prozeß. Seine Geschichte klingt tatsächlich, als sei er ein perfektes Werkzeug einer großen Verschwörung gewesen. Sie hört sich folgendermaßen an: Es war Ende 1967, und der glücklose Dieb Ray war auf der Flucht vor der Polizei. Er brauchte dringend einen gefälschten Paß. In einer Kneipe traf er einen Mann namens Raoul. Der wollte ihm die Papiere beschaffen, dafür mußte Ray ihm allerdings beim Waffenschmuggel helfen. Ray erhielt von Raoul die Order, ein Gewehr zu kaufen – als Warenprobe für einen von Raouls Kunden aus Mexiko. Danach sollte er auf weitere Anweisungen warten, und zwar in einem Hotel in Memphis, gegenüber dem Hotel »Lorraine«.

Besser kann es sich kein Drehbuchautor ausdenken – ein, wie es scheint, perfektes Komplott, um Ray den Mord anzuhängen. Als der Schuß fiel, so Ray, habe er gerade einen Reifen an seinem Ford gewechselt. Er habe sich aus dem Staub gemacht, weil er ja immer noch wegen diverser Delikte gesucht wurde.

Ray erwähnte immer wieder, daß er, selbst wenn er King erschossen hätte, niemals so dumm gewesen wäre, seine Fingerabdrücke auf der Waffe zu hinterlassen, sondern er hätte sich die Fingerkuppen in bester Killermanier mit fleischfarbenen Heftpflastern abgeklebt. Tatsächlich sind die Fingerabdrücke, weil ein Verstoß gegen das elementarste Einmaleins aller Ganoven, fast schon ein Entlastungsindiz. Ebenso mysteriös: Er besaß nahezu perfekt gefälschte Papiere. Offenbar mußte er professionelle Helfer gehabt haben.

Raoul wurde bis heute nicht gefunden; dafür spürte Rays neuer Anwalt William Pepper (ein ehemaliger Mitarbeiter Martin Luther Kings) eine Dame namens Betty Spades auf. Sie hatte damals ein Verhältnis mit dem Expolizisten und Taxiunternehmer Lloyd Jowers aus Memphis gehabt. Kurz nach dem Mord an King sei sie Jowers begegnet. Er habe ein Gewehr umklammert und völlig verstört ausgesehen.

Als Jowers registrierte, daß er in den Mordfall hineingezogen werden könnte, meldete er sich freiwillig bei der Polizei. Er hatte tatsächlich mit dem Attentat zu tun, aber er habe nicht geschossen, sondern nur den Mörder angeheuert, wie es seinem Auftrag entsprach. Jowers wollte allerdings nur aussagen, wenn er straffrei davonkäme. Der Staatsanwalt lehnte ab, und Jowers tauchte unter.

Als weiterer Zeuge für Ray könnte ein Reporter der *New York Times* auftreten, der nach dem tödlichen Schuß einen Mann im Gebüsch hat verschwinden sehen. Das FBI weigerte sich, der Beobachtung nachzugehen; sie wollte den Reporter nicht einmal verhören.

Inzwischen kam heraus, was die Bundespolizei jahrelang vehement bestritten hatte: King wurde von FBI-Beamten observiert – auch am Tage der Tat. Weiterhin stellte sich heraus, daß das FBI die Einzeltäterthese schon von Anfang an durchzusetzen versuchte – eine Vorgehensweise, die mit »unverantwortlich« noch schmeichelhaft umschrieben ist. So habe der stellvertretende FBI-Chef schon am Tag nach dem Attentat massiv Druck auf das Justizministerium ausgeübt: Ein Exabteilungsleiter des Ministeriums berichtete, er sei »richtig hart gedrängt« worden, die Einzeltäterversion zu unterstützen.

Belastet wird Ray allerdings durch die Tatsache, daß er häufig in weißen Rassistenkreisen verkehrte. Außerdem hatte er King mit dem Auto wochenlang auf dessen Reise durch die Vereinigten Staaten verfolgt. Er erklärt es jedoch für Zufall und will King nicht einmal gekannt haben – allenfalls sei er ihm ein Begriff gewesen wie die Präsidenten Johnson oder Kennedy. Auf dem Weg von Birmingham nach Memphis machte er einen unerklärlichen Abstecher nach Selma, das sich in der Gegenrichtung befindet und wo sich auch gerade King aufhielt. Er habe sich, sagte er, verfahren – er wollte von Alabama nach Tennessee, wo er mit Raoul verabredet gewesen sein will.

Danach wurde Ray in Atlanta gesehen, der Geburtsstadt Kings. Das bestreitet Ray heftig. »Ich bin sicher, daß ich nicht in Atlanta war. Wenn ich dort gewesen wäre, dann könnte ich auch gleich hier übers Fernsehen die Verantwortung für den Fall King auf mich nehmen.«

Der Sonderausschuß des amerikanischen Kongresses, der sich im Sommer 1978 mit dem King-Mord befaßte (ähnlich wie die Warren-Kommission nach dem Kennedy-Attentat) und alle Zeugen und auch Ray selbst noch einmal anhörte, ließ jedoch eine Dame im Rollstuhl in den Zeugenstand fahren, die sich noch an einen adrett gekleideten, jungen Mann erinnern kann, der ihr am 1. April 1968 Hemden und Anzug für die Reinigung gebracht und vier Tage später wieder abgeholt hat. Auf ihrer Wäscheliste steht auf Seite neunzehn, Zeile 30/31: Ein Eric Gold hat eine Wäschereinummer für seine Kleidung entgegengenommen und am 5. April – Ray ist nach dem Attentat nach Atlanta geflüchtet – gegen Empfang der Ware wieder abgegeben. Eric Gold ist einer der Alias-Namen von Ray; es ist auch der Name, auf den sein Auto registriert war. Ray war also, obwohl er es so entschieden leugnete, am 1. April und am 5. April in Atlanta.

Die schwerste Beschuldigung aber kommt von einer ebenso zwielichtigen Figur wie Ray selbst. Alexander Eist war Rays ständiger Bewacher nach dessen Festnahme in London bis zur Auslieferung. Für längere Zeit waren die beiden mit Handschellen aneinandergefesselt. Eist – zum Zeitpunkt seiner Aussage bereits aus dem Dienst bei Scotland Yard ausgetreten und Kneipenbesitzer – erklärte, er habe keinen Zweifel, daß Ray ihm gegenüber zugab, daß er den Mord begangen habe. Ray sagte, er habe nur einen Fehler gemacht: Als er nach den Schüssen Polizisten sah, sei er in Panik geraten, habe die

Waffe fortgeworfen und sei Hals über Kopf geflüchtet, ohne die Fingerabdrücke zu beseitigen. Ray, erzählte Eist, sei gerissen, intelligent und ein völliger Psychopath. »Er sagte, einen bedeutenden schwarzen Mann zu erschießen, würde ihn in manchen Gegenden Amerikas zu einem Nationalhelden machen. Er war absolut verrückt nach Publicity und machte keinen Hehl aus seinem Haß auf Schwarze.«

Eist hingegen muß sich zunächst fragen lassen, warum er diese Aussagen zehn Jahre lang verschwieg. Außerdem ist Eist, laut Rays Anwalt, wegen Unterschlagung und Bestechung aus dem Polizeidienst entlassen worden.

Hoffnung schien von einem Mann zu kommen, der Ray ein Alibi besorgen konnte. Ray reparierte ja angeblich zur Tatzeit einen Autoreifen, und zwar an einer Tankstelle. Einer von Rays Anwälten spürte einen Zeugen auf, der Ray an der Tankstelle, die er selbst nicht mehr genau beschreiben konnte, gesehen hatte. Dieser Zeuge, ein Börsenmakler namens Dean Cowden, gab jedoch vor dem Untersuchungsausschuß unter Eid zu, die gesamte Geschichte gemeinsam mit Rays Anwalt erfunden zu haben – beide hatten gehofft, aus dieser sensationellen Wendung des Falles mit Büchern Kapital schlagen zu können. Cowden mußte allerdings zerknirscht zugeben, daß er am 4. April um sechs Uhr abends nicht an jener Tankstelle war, wo er Ray in seinem Mustang gesehen haben wollte, sondern in seiner Heimatstadt in Texas – siebenhundert Kilometer entfernt.

Für die Verschwörungstheorie sprach die Aussage von Kings Nachfolger, Pfarrer Ralph Abernathy, vor dem Untersuchungsausschuß. Der sagte aus, er sei überzeugt, daß es eine Verschwörung zur Ermordung Kings gegeben habe. Er glaubte auch zu wissen, daß King vorgewarnt worden sei, denn in den letzten Wochen vor seinem Tod sei er ein »völlig veränderter Mensch« gewesen. Abernathy gilt inzwischen als »Verräter« an Martin Luther King, weil er eine Biographie über seinen Vorgänger geschrieben hatte, die wenig vorteilhafte Details aus Kings Intimleben preisgab – etwa, daß er über eine ausgeprägte Libido verfügte und in der Nacht vor seinem Tode nacheinander zwei Frauen in seinem Ehebett hatte (keine davon war seine Ehefrau) und anschließend gar noch mit einer dritten handgreiflich gestritten habe.

Ein weiterer Rückschlag für Ray: Im Jahr 1991 ließ sich seine Frau von ihm scheiden. Anna Sandhu war Gerichtszeichnerin und wollte ihrem Mann nach eigenen Worten »helfen«. Sie hatte stets geglaubt, hinter dem Mord an King habe der sowjetische Geheimdienst gesteckt – eine ganz neue Variante. Mögliches (und in gewisser Weise plausibles) Motiv: Destabilisierung der inneramerikanischen Verhältnisse. »Ich glaube nicht mehr, daß er unschuldig ist«, so Anna Ray, nachdem sie sich von ihm getrennt hatte. Offenbar sind die beiden im Streit um die Tantiemen des Ray-Buches *Wer hat Martin Luther King ermordet – Die wahre Geschichte eines für schuldig befundenen Mörders* auseinandergegangen.

Noch ein Umstand macht den Fall King/Ray mysteriös: Die Geschichte seiner Haft. Einmal fielen andere Gefangene über ihn her und verletzten ihn mit selbstgebastelten Messern lebensgefährlich – nur eine Notoperation konnte ihn retten. Ein anderes Mal gelangen ihm und einem Kumpan aus dem Brushy-Mountain-Zuchthaus bei Knoxville sogar die Flucht. Die Freiheit währte immerhin vierundfünfzig Stunden. Diese als »unmöglich« geltende Flucht aus dem Hochsicherheitstrakt des Gefängnisses von Tennessee war eine perfekte Vorlage für Verschwörungstheoretiker, die mutmaßten, Ray sei nicht aus freien Stücken ausgebrochen, sondern entführt worden, um nicht vor dem Untersuchungsausschuß das FBI oder andere Mitverschwörer belasten zu können. Als Ray nach den vier Tagen gefaßt wurde, sprach er allerdings nicht von Kidnapping: »Wir kamen nur bis in die nahegelegenen Berge, waren hungrig, müde – nur wenn wir besser vorbereitet gewesen wären, hätten wir eine Chance gehabt.«

James Earl Ray starb am 23. April 1998 in Gefangenschaft an den Folgen einer Leberzirrhose. Die Wirkung des Bürgerrechtlers aus Atlanta dauert an; er hat 1986 im Kalender der Vereinigten Staaten von Amerika seinen eigenen Feiertag bekommen, nämlich den Martin-Luther-King-Day am dritten Montag im Januar. Das Privileg des Feiertages kann nur noch ein weiterer Amerikaner für sich in Anspruch nehmen: George Washington.

James Hoffa

Von allen Rätseln der amerikanischen Kriminalgeschichte ist der Fall des Gewerkschaftsführers James Hoffa, genannt Jimmy, das größte: Es ist nämlich nicht einmal hundertprozentig klar, ob James Hoffa wirklich tot ist, denn eine Leiche wurde nie gefunden.

James Hoffa, bis 1967 Boß der »Teamsters«, der mächtigen Transportarbeitergewerkschaft, skrupel- und rücksichtslos, Freund der Mafia und prominentester Gegenspieler der Kennedys, hatte sich mit zuweilen abenteuerlichen Methoden zu einem der einflußreichsten Männer der US-Politik aufgeschwungen. Er wurde am 14. Februar 1913 in Brazil, Indiana, geboren. Sein Vater war Grubenarbeiter und starb, als Jimmy sieben Jahre alt war. Seine Mutter zog mit ihm zunächst nach Clinton, Indiana, und 1924 nach Detroit. Dort verließ er die Schule mit vierzehn Jahren nach der neunten Klasse, nahm verschiedene kleine Jobs an und wurde schließlich für einen Stundenlohn von zweiunddreißig Cents Lagerarbeiter bei der »Kroger Food Company«.
Im Jahr 1932 verschaffte sich Hoffa Respekt bei den Kollegen, weil er einen Streik gegen die miserablen Arbeitsbedingungen bei Kroger organisierte. In seltener Geschlossenheit machten

alle hundertfünfundsiebzig Kollegen mit. Sie weigerten sich, frische Erdbeeren auf die Kühllastwagen zu verladen. Die Ware drohte zu verderben. Die Geschäftsleitung hatte keine andere Wahl und erhöhte den Stundenlohn auf fünfundvierzig Cents. Hoffa hatte mit erst neunzehn Jahren sein Verhandlungsgeschick und Durchsetzungsvermögen bewiesen.

Seine damaligen Freunde sollten den Kern seiner späteren Schlägertruppen bilden: Sie nannten sich »Strawberry Boys«, Erdbeerjungs. Vier Jahre nach dem Streik fand Kroger endlich einen Grund, den lästigen Hoffa zu feuern, doch der hatte sich mittlerweile einen Namen gemacht, so daß ihn die Detroiter Leitung der Transportarbeitergewerkschaft sofort als Funktionär einstellte. Er bekam die Ortszelle »Local 299« zugeteilt, die den Ausgangspunkt seiner phänomenalen Karriere bilden sollte.

Um die erschreckenden Verschwörungstheorien um Hoffa zu verstehen, ist ein Blick in die amerikanische Geschichte nötig – ein Blick, der nicht weniger spannend ist als die Verschwörungstheorie selbst. Amerikanische Gewerkschaften – nach unserem politischen Verständnis ist dieses Wort schon ein Oxymoron. Der wichtigste amerikanische Gewerkschaftsverband ist die American Federation of Labor, die 1886 gegründet wurde. Mitglieder in der AFL konnten nur »Craft Unions«, Berufsgewerkschaften, werden, die den ungelernten und angelernten Arbeitern verschlossen waren. Diese Homogenität hatte den Vorteil, daß gemeinsame Interessen leichter durchgesetzt werden konnten. Es entstand eine »konservative Arbeiteraristokratie.« Die AFL ist, anders als der Deutsche Gewerkschaftsbund, eine Vertretung des Mittelstandes.

Als die ungelernten Arbeiter in den dreißiger Jahren eine

wirkungsvollere Vertretung ihrer Interessen verlangten, sah die AFL die Privilegien der von ihr repräsentierten Arbeiter gefährdet. So war es nur konsequent, daß man sich mit aller Macht gegen das Industriegewerkschaftsprinzip wehrte. Die neuen Produktionstechniken – etwa Henry Fords Fließband – hatten die Bedeutung der Facharbeiter gemindert, gleichzeitig war die Zahl der un- und angelernten Mitarbeiter stark gestiegen. Aber erst die Weltwirtschaftskrise von 1929, von der die ungelernten Arbeiter am stärksten betroffen waren, sollte die Lage drastisch ändern.

Der CIO, der Congress of Industrial Organizations, war zunächst als Organisation innerhalb der AFL entstanden. 1935 hatte die AFL erneut das Industriegewerkschaftsprinzip abgelehnt, woraufhin acht führende AFL-Funktionäre, angeführt von John L. Lewis von den United Mine Workers, den radikaleren, sozialistischen CIO gründeten. Es manifestierte sich eine Abkehr von den alten »Brot-und-Butter«-Zielen der AFL. 1938 kam die endgültige Abkehr der CIO von der AFL. Der CIO hatte – nach eigenen Angaben – bereits vier Millionen Mitglieder, vor allem aus den Bereichen Bergbau, Stahl-, Auto-, Textil-, Radio- und Elektroindustrie.

Nach dem Zweiten Weltkrieg wurde der CIO im Kalten Krieg und unter dem Eindruck der allgemeinen Kommunistenhatz sehr viel moderater. Jetzt machte sich auch der CIO daran, sich von der angeblichen »roten Unterwanderung« zu befreien. Elf Gewerkschaften wurden 1949/50 aus dem Verband ausgeschlossen, weil sie angeblich von den Kommunisten unterwandert waren. Viele Gewerkschaften des CIO verboten Kommunisten nicht nur in der Führungsebene, sondern schlossen sie ganz aus.

Nach diesen Säuberungen blieb ein CIO zurück, der sich

nunmehr kaum noch von der AFL unterschied. Dem Zusammenschluß der einst verfeindeten AFL und CIO stand also nichts mehr im Wege.

Die AFL-CIO vereinte etwa hundertvierzig Einzelgewerkschaften mit damals etwa sechzehn Millionen Mitgliedern. Erster Präsident der AFL-CIO wurde George Meany, der schon AFL-Präsident war und weit über zwanzig Jahre den Vorsitz innehaben sollte. Ihm wurden, ähnlich wie Hoffa, immer wieder enge Kontakte zur Mafia nachgesagt, nachgewiesen konnte ihm allerdings nichts werden.

Die Teamsters sind die größte und auch aggressivste amerikanische Einzelgewerkschaft mit etwa 2,3 Millionen Mitgliedern. Ihr offizieller Name lautet: International Brotherhood of Teamsters, Chauffers, Warehousemen and Helpers of America (IBT) – die meisten amerikanischen Gewerkschaften nennen sich »International«, weil sie noch Mitglieder in Lateinamerika und der Karibik haben.

Die Teamsters waren nicht aggressiv gegenüber den Arbeitgebern, sondern gegenüber den anderen Gewerkschaften. So attackierten die Teamsters jahrelang die United Farmworkers, die um ihre Anerkennung im Agrarsektor Kaliforniens kämpften: Teamsters halfen bestreikten Farmbesitzern, wenn es galt, Streikposten zu verprügeln; einige Farmworkers wurden auf ungeklärte Weise getötet.

Mit manchen Großgrundbesitzern schlossen die Teamsters sogenannte »Sweetheart Contracts« ab, Tarifverträge zu besonders günstigen Bedingungen für das Unternehmen, die es den Teamsters zugleich erlaubten, sich als Vertreter der Arbeiter zu etablieren.

Generell waren die Teamsters besonders in den siebziger Jahren oft ins Zwielicht geraten und von Skandalen erschüttert worden. Korruption, Betrug an pensionierten Mitgliedern um deren Gewerkschaftsrente, Bereicherung von hohen Funktionären aus den Pensionsfonds und vieles mehr trug nicht gerade dazu bei, das Bild von den Gewerkschaften in der amerikanischen Öffentlichkeit zu bessern. Gewerkschaften nach europäischem Verständnis sind zutiefst unamerikanisch. In den neunziger Jahren waren nur noch rund fünfzehn Prozent der US-Arbeiter in Gewerkschaften organisiert, doch auch zu besseren Zeiten waren es nie mehr als fünfunddreißig Prozent.

Zurück zu »Local 299«. Wer sich im rauhen Klima der Gewerkschaften durchsetzen wollte, brauchte schnelle Fäuste und gute Beziehungen. Ersteres hatte Jimmy, letzteres bekam er bald: Seine ehemalige Freundin Sylvia Pigano, mit der er vier Jahre lang zusammengelebt hatte, heiratete zunächst einen kleinen Mafioso und landete später in den Armen von Frank Coppola – einem der bekanntesten Gangster Detroits. Via Sylvia pflegte Hoffa die Kontakte zu dem Mafia-Boß. Er kümmerte sich auch noch um den Sohn, den Sylvia geboren hatte: Charles (»Chuckie«) O'Brien, der bei späteren Verschwörungstheorien noch eine entscheidende Rolle spielen sollte.

Die erste große Bewährungsprobe stand Hoffa im April 1937 bevor. Es streikten alle in der Gewerkschaft organisierten Transportarbeiter von Detroit. Mit den »Strawberry Boys« hatte Hoffa eine Schlägertruppe aufgestellt, die den Prüglern der Unternehmer trotzen konnte. Außerdem überredete er mit Hilfe von Frank Coppola die Mafiosi, bei diesem Streik erstmals neutral zu bleiben – normalerweise hatte sich die Mafia stets auf Seite der Firmenlenker gestellt.

Die Gewerkschaft gewann, viertausend neue Mitglieder strömten zu den Teamsters, der Held hieß Hoffa. Da konnten ihm auch nicht die paar Nächte im Knast schaden, die er wegen diverser Schlägereien absitzen mußte. Ein Großteil seiner Überzeugungsarbeit bestand, wie er gerne prahlte, aus Schlägereien. Als sich einmal eine Teamster-Gruppe von der AFL lösen und dem CIO beitreten wollte, fuhr Hoffa mit hundert Mann hin und verprügelte die Abweichler. Öfter einmal schlugen Hoffas Männer CIO-Anhänger halbtot. Der grobschlächtigste von allen: Roland McMaster (kein Künstlername), ein Meter neunzig groß, weit über hundert Kilo schwer, Glasauge. »Wir hatten verdammt gute Schlachten mit diesen Kerlen«, erinnert er sich, »erst auf die altmodische Tour, mit Knüppeln und so. Später benutzten wir auch Pistolen.« Beinahe täglich gab es in den dreißiger Jahren Straßenkämpfe zwischen AFL-Teamsters und dem CIO.

Die Zusammenarbeit zwischen Mafia und den Teamsters gedieh zwischenzeitlich prächtig – die Geschäftsmethoden hatten sich ohnehin immer mehr angeglichen. Hoffa baute sich nebenbei ein eigenes Imperium auf und zwang mit Hilfe der Mafia in Michigan die Vereinigung der kleinen Gemüseläden zu »freiwilligen« Abgaben, weil sie ihre Waren mit nicht gewerkschaftlich organisierten Lkw-Fahrern verteilte. Er nahm sich Geld aus der Pensionskasse der Gewerkschaft und kaufte Immobilien, beteiligte sich an einer Supermarktkette und an anderen Industrieunternehmen.

Anfang der fünfziger Jahre war Hoffa der meistgehaßte Mann Amerikas. In dem populären Film *Die Faust im Nacken* wurde er als Bösewicht Johnny Friendly dargestellt. Keiner traute sich, ihm entgegenzutreten. Doch dann kamen zwei Brüder, die die US-Politik umkrempeln sollten: Robert und John F.

Kennedy. Besonders Robert knöpfte sich als Chefberater eines Untersuchungsausschusses des Senats Jimmy Hoffa vor. Gut gewählt, denn durch so einen Gegner wurde man selbst schnell bekannt. Robert Kennedy, damals einunddreißig Jahre alt, schaufelte stapelweise Belastungsmaterial heran. Hoffa witterte Gefahr und versuchte, den potentiellen Ausschußberater John Cheasty mit achtzehntausend Dollar zu bestechen. Cheasty ging zum Schein auf das Angebot ein, und bei der Geldübergabe wurde Hoffa verhaftet.

Robert jubelte: »Wenn wir ihn jetzt nicht verurteilen können, dann springe ich vom Capitol.« Der brillante Anwalt Hoffas schickte am 19. Juli 1957 einen Fallschirm: Freispruch. Kennedy erklärte nun endgültig Hoffa zu seinem Hauptfeind und schrieb sogar ein Buch über ihn: *The Enemy Within* (Der Feind im Innern), in dem er behauptet: »Die Teamsters sind neben der Regierung die mächtigste Institution des Landes. Von der Wiege bis zur Bahre versorgen sie uns mit allem, was wir zum Leben brauchen. Das Leben jedes Bürgers der USA liegt in den Händen von Hoffa und den Teamsters. Obwohl die große Mehrheit der Teamsters ehrenwert ist, dirigiert Hoffa sie. Das ist eine Konspiration des Bösen.« (Interessant dabei ist, daß Jimmy Hoffa in keiner der gängigen Verschwörungstheorien um den Tod JFKs eine Rolle spielt.)

Die Auseinandersetzung nahm bisweilen groteske Züge an. Ein Mitarbeiter Kennedys berichtete, daß Robert eines Abends von der Arbeit nach Hause fuhr. Als er im Hauptquartier der Teamsters noch Licht brennen sah, drehte er um und kehrte an seinen Schreibtisch zurück.

Als John F. Kennedy 1961 Präsident wurde, wurde Robert Justizminister und damit noch mächtiger. Er erfuhr, daß Hoffa ein wichtiger Verbindungsmann der CIA zur Mafia war, insbesondere, was die Pläne zur Ermordung Fidel Castros betraf. Die CIA stellte damals Truppen zusammen, die aus Exilkubanern und professionellen Mafia-Killern zusammengesetzt waren, um den kubanischen Revolutionär zu töten. Kennedy untersagte sofort jegliche Zusammenarbeit mit Hoffa.

Im März 1962 begann ein zweiter Prozeß gegen Hoffa, der wieder scheiterte, weil er die Geschworenen mit je zehntausend Dollar bestochen hatte. Dies konnte man ihm aber nachweisen, und zwei Jahre später wurde Hoffa zu acht Jahren Gefängnis verurteilt. Nachdem er alle juristischen Tricks angewendet hatte, mußte er die Strafe drei Jahre später in Lewisburg, Pennsylvania, antreten. Seine Gewerkschaft erhöhte unterdessen sein Jahresgehalt von fünfundsiebzigtausend auf hunderttausend Dollar und bewilligte ihm 1,3 Millionen Dollar zur Begleichung der Gerichts- und Anwaltskosten. Außerdem wurde er auf Lebenszeit zum »Präsidenten im Ruhestand« ernannt, was ihm fünfundsiebzigtausend Dollar pro Jahr garantierte.

Drei Jahre später, am 23. Dezember 1971, begnadigte ihn Präsident Nixon unter dubiosen Umständen: Der neue Teamster-Boß Frank Fitzsimmons hatte offenbar mit Hilfe der Mafia eine Million Dollar für Nixons Wahlkampfkasse gespendet.

Sofort bemühte sich Hoffa um den Wiederaufstieg an die Spitze der Teamsters, allerdings hatte er zwischenzeitlich viele Feinde bekommen: Gewerkschaftsspitze und Mafia hatten ihn fallenlassen, und auch die CIA wollte die Spuren zu Hoffa und zur Unterwelt verwischen. Mehrere Teamsters, die wie Hoffa Verbindungsmänner zwischen Mafia und CIA gewesen waren, waren inzwischen ermordet worden.

Am 30. Juli 1975 lädt der Mafioso Tony Giacalone Hoffa zu einem Treffen im Restaurant »Red Fox« ein. Hoffa fährt hin, doch Tony taucht nicht auf. Der aalt sich vor reichlich Zeugen in der Sauna eines Fitneßcenters. Hoffa ruft seine Frau an:

»Hat Tony Giacalone angerufen?«

»Nein.«

»Also, wenn er sich meldet, sage ihm, daß ich hier auf ihn warte.«

Seitdem hat niemand mehr etwas von Jimmy Hoffa gehört. Die Polizei vermutet folgenden Tathergang: Hoffas Ziehsohn Chuckie O'Brien, der einzige Mensch, dem Hoffa vertraute, erschien vor dem »Red Fox« und überredete Hoffa, mit ihm zu Giacalone zu fahren. Dort warteten drei Killer auf ihn, die ihn erschossen. Sie verstauten seine Leiche in einer Öltonne und fuhren die Ladung zu einer Schrottverwertungsanlage von Ford im Detroiter Stadtteil Dearborn. Chuckie O'Brien brüstete sich später: »Hoffa ist jetzt ein Kotflügel, der von irgend jemandem durch die Gegend gefahren wird.«

Eine andere Version des Todes erzählte ein Mafia-Killer 1989 dem *Playboy*. Auch hier spielte O'Brien den Lockvogel und bekam dafür eine Million Dollar in bar. Nach den Todesschüssen transportierten sie Hoffa von Michigan nach Jersey, wo gerade das Giants Stadium, ein Stadion für American Football, gebaut wurde. Den (vorher zersägten) Körper mischten sie unter den Fertigbeton. Dort soll Hoffa immer noch liegen, in dem Beton der billigen Plätze, in der Ecke auf Höhe der Touchdown-Linie.

Ob CIA, Gewerkschaftskollegen oder Mafia oder gar ein von ihm selbst inszeniertes Verschwinden: Seinem Namen wurde der Teamster-Boß auf jeden Fall gerecht. Jimmy trug den ungewöhnlichen Namen James Riddle Hoffa.
Riddle heißt Rätsel.

Andreas Baader, Gudrun Ensslin, Jan-Carl Raspe

War die Bonner Regierung am 18. Oktober 1977 zu einer skrupellosen Junta mutiert? Gab die Regierung um Kanzler Helmut Schmidt dem Bundesnachrichtendienst oder gar der CIA den Auftrag, die im Hochsicherheitstrakt von Stuttgart-Stammheim einsitzenden Terroristen zu ermorden? Zu ungeheuerlich schien nicht nur den RAF-Sympathisanten und den Linken, sondern auch vielen Menschen in bürgerlichen Kreisen, daß im bestgesicherten Gefängnis der Republik Waffen, Sprengstoff und ein funktionierendes Kommunikationssystem gefunden wurden.

Die Todesfälle in Stammheim bildeten den tragischen Höhepunkt und das Ende des »Deutschen Herbstes« 1977, als sich die Bundesrepublik in ihrer wohl schwersten Krise befand: Generalbundesanwalt Siegfried Buback und der Dresdner-Bank-Chef Jürgen Ponto waren in jenem Jahr ermordet worden, und Arbeitgeberpräsident Hanns Martin Schleyer befand sich als Geisel in der Gewalt der Terroristen, die ihre inhaftierten Kameraden freipressen wollten. Vier palästinensische Terroristen hatten die Lufthansa-Maschine »Landshut« gekapert, um ihre deutschen Genossen zu unterstützen. Wie eine Erlösung wurde am 18. Oktober, wenige Minuten nach Mitternacht, die Nachricht aufgenommen, die Spezialeinheit GSG 9 habe die Boeing in der somalischen Hauptstadt Mogadischu gestürmt und Passagiere und Besatzung unverletzt befreit.

Als Helmut Schmidt am nächsten Morgen von dem Tod der Häftlinge erfuhr, war er fassungslos: »Ich war wie von einer Keule getroffen, empört, entsetzt. Jetzt hatten wir gerade einen großen Erfolg errungen, und nun dieser Tritt in den Unterleib.«

Die größte dänische Tageszeitung *Ekstrabladet* erschien mit der Schlagzeile »Baader, Ensslin und Raspe wurden ermordet«, und die griechische Zeitung *Eleftherotypia* hörte in Deutschland »die Glocken eines neuen dämonisch-bestialischen Faschismus« läuten. Der *Stern* schrieb neun Tage nach der Tragödie: »Kritische Fragen – und keinesfalls nur von Ultralinken in Italien, Spanien, Frankreich, Griechenland und Holland – dokumentierten, daß man den Deutschen nach wie vor das raffinierte Töten von Minderheiten zutraut.« Der *Spiegel* anläßlich der Beerdigung der Terroristen: »Immer undifferenzierter verwenden Zeitungen in Frankreich und Italien das Wort ›Mord‹.«

Die vier Häftlinge Andreas Baader, Gudrun Ensslin, Jan-Carl Raspe und Irmgard Möller waren allein in einem Flügel im siebten Stock des Gefängnisses untergebracht. Leere Zellen lagen zwischen ihnen, es galt seit der Schleyer-Entführung die sogenannte Kontaktsperre: keine Gespräche, keine Post, kein Fernseher, kein Radio, keine Anwaltsbesuche. Dennoch hatten die vier Radioberichte aus Mogadischu gehört und regelmäßigen Morsekontakt untereinander gehabt. Jan-Carl Raspe war ein begabter Elektriker und hatte ein Sanyo-Radio zum Laufen gebracht.

Der diensthabende Wachtmeister in der Kontrollkabine für das siebte Stockwerk beendete am 18. Oktober 1977 frühmorgens seinen Dienst. Er fuhr mit dem Lift ins Untergeschoß, holte aus der Küche den Frühstückswagen und kehrte mit dem Lastenaufzug ins siebte Stockwerk zurück. Er übergab Graubrot, Butter, heißen Kaffee und hartgekochte Eier an seine beiden nachfolgenden Kollegen.

Um 7.41 Uhr öffneten sie die hellgelb gestrichene Zelle 716 und fanden auf dem Boden Jan-Carl Raspe, der aus einer Schädelwunde blutete. Neben ihm lag eine Pistole der Marke Heckler & Koch, Kaliber neun Millimeter. Um 7.52 Uhr wurde Raspe in die Intensivstation des Stuttgarter Katharinen-Hospitals gebracht, wo er um 9.45 Uhr starb. Um 8 Uhr öffneten die Beamten die drei anderen, belegten Zellen und fanden in Zelle 719 Andreas Baader und in Zelle 720 Gudrun Ensslin tot, in Zelle 725 Irmgard Möller schwer verletzt. Sie überlebte.

Gudrun Ensslin hatte sich mit dem Kabel eines Plattenspielers am Zellenfenster erhängt. Andreas Baader hatte seine Pistole der Marke FEG, 7,65 Millimeter, Griff nach oben, in beide Hände genommen, den Lauf auf seinen Nacken gesetzt und mit den Fingern abgedrückt – ein ungewöhnlicher Selbstmord. Wollte er, daß es wie Mord aussah? »Schwer vorstellbar, daß man in dieser Form gegen sich selbst vorgehen kann«, sagte der Baader-Verteidiger Hans-Heinz Heldmann. Irmgard Möllers Stichverletzungen dagegen waren dermaßen amateurhaft, daß ihr niemand glaubte, sie habe nicht selbst zugestochen. Zum Staatsanwalt sagte sie jedoch: »Ich habe weder einen Selbstmordversuch begangen noch intendiert, noch war eine Abrede dagewesen.«

Fünf Gutachter aus vier Ländern untersuchten die Toten und kamen alle zum Schluß: »Selbstmord«. Zu der Möglichkeit, Ensslin sei von fremder Hand ans Zellenfenster gehängt worden, sagte einer der Gerichtsmediziner: »Es ist üblich, daß man eine solche Person unter den Armen nimmt. Man kann sie ja nicht an den Beinen oder am Unterkörper halten, weil sie sonst vornüber kippt. Wenn man sie also an den Achseln oder an den Armen hält, dann sollten Griffspuren entstehen. Selbst wenn man diese Griffspuren nicht sieht, so sollte man wenigstens diskrete Gewebeblutungen haben. Wir haben beide Arme sorgfältig untersucht. Es ist keine derartige Blutung festgestellt worden.«

Auch bei Raspe waren keine weiteren Verletzungen festzustellen als die Schußwunde am Kopf. Ein letzter technischer Beweis konnte nicht erbracht werden, weil ein Justizvollzugsbeamter die Pistole fortnahm, sie zunächst, wie man es in Krimis sieht, in ein Taschen- und dann in ein Geschirrtuch wickelte und dabei Fingerabdrücke auf dem Abzug verwischte.

Die Skeptiker verwiesen jedoch auf Ungereimtheiten: »Fragen, Zweifel, Widersprüche bleiben«, so Stefan Aust in seinem Buch *Der Baader-Meinhof-Komplex*. BKA-Beamte, die Wochen nach dem Mord mit einer abschließenden Untersuchung feststellen wollten, aus welcher Entfernung der Schuß in Baaders Nacken abgegeben worden war, kamen anhand relativ geringer Pulverschmauch-Ablagerungen zu dem Ergebnis: dreißig bis vierzig Zentimeter; eine Distanz, »aus der sich nur ein Artist erschießen kann«, so der Stammheim-Anwalt Karl-Heinz Weidenhammer. Offenbar hatten die Polizisten mit den Leichnamen hantiert, ohne Rücksicht auf beweiskräftige Ablagerungen an deren Körper zu nehmen.

Jan-Carl Raspe könne sich, so RAF-Sympathisanten, gar nicht selbst ermordet haben, denn in der Hand hielt er noch seine Pistole, und die gleite einem Selbstmörder stets aus der Hand. Die Polizisten, die Raspe als erste gesehen hatten, schilderten, daß die Waffe lose in Raspes rechter, geschlossener Hand lag, Raspes Finger waren nicht mehr am Abzug – denkbar also, daß die Pistole nicht mehr von der Hand festgehalten wurde, sondern durch ihr Eigengewicht in der Hand liegen blieb.

Baaders Tod gibt die meisten Rätsel auf; so wurden in der Zelle zwei weitere Geschosse aus seiner Waffe gefunden. Offenbar hatte er sie abgefeuert, um einen Kampf vorzutäuschen. Auch der selbst beigebrachte Genickschuß ist unüblich, doch in einem schweizerischen Lehrbuch für gerichtliche Medizin steht: »Hinterhaupt- und Nackenschüsse sind selten, kommen aber immer wieder zur Beobachtung. Diese Lokalisation wird vermutlich gewählt, um den Tod möglichst rasch herbeizuführen.«

Ein Stockwerk unter Baader lagen in der Eckzelle 619 fünf Häftlinge. Keiner hatte einen Schuß gehört. Aust zitiert einen Häftling, der sagte: »Zwischen zwei Uhr und zwei Uhr dreißig hörte ich deutlich, daß Baader in seiner Zelle in unregelmäßigen Zeitabständen zwei- bis dreimal die Wasserspülung betätigte. Davor habe ich noch ab und zu Schritte wahrgenommen. Bis zum Morgen ist mir dann nichts mehr aufgefallen. Deshalb bin ich davon überzeugt, daß in der Zelle von Baader kein Schuß gefallen ist. Wenn aus einer Zelle Schritte, das Rücken eines Stuhles und das Rauschen der Wasserspülung zu hören sind, müßte meiner festen Überzeugung nach auch ein Schuß zu hören sein.«

Am gruseligsten ist die These, Baader sei in der Nacht nach

Mogadischu geflogen und dort erschossen worden. Grundlage dieser Theorie ist nicht identifizierter Staub unter Baaders Schuhen – Sand aus Somalia sollte das sein. In der Kürze der Zeit hätte er jedoch niemals Mogadischu erreichen können – noch um 23 Uhr hatte Baader seine Tabletten in der Zelle bekommen. Auch über amerikanische Giftpistolen mit betäubender Wirkung wurde spekuliert, und durch die Stammheimer Nacht kurvende Mercedes-Limousinen ließen ebenfalls Spekulationen aufflammen.

Die Häftlinge sprachen selbst von Suizid, wenn auch seltsam verklausuliert. Andreas Baader drohte am 8. Oktober 1977 mit einer »irreversiblen Entscheidung der Gefangenen in Stunden oder Tagen«, und Gudrun Ensslin bat am Nachmittag des 17. Oktober, dem Tag vor dem Selbstmord, um ein Gespräch mit den evangelischen und katholischen Anstaltsgeistlichen. Ensslin erklärte den beiden Geistlichen, in ihrer Postmappe lägen drei Briefe an den Staatssekretär Schüler vom Kanzleramt, im Falle ihres Todes überbracht werden sollten. Niemand hat bis heute diese Briefe gesehen; offenbar war es eine gezielte Desinformation. Der Anstaltsarzt meldete der Gefängnisleitung am 6. Oktober über Raspe: »Nach dem Gesamteindruck muß davon ausgegangen werden, daß bei dem Gefangenen eine echte suicidale Handlungsbereitschaft vorliegt. Ich bitte um Kenntnisnahme und um Mitteilung, auf welche Art ein eventueller Selbstmord verhindert werden kann.« Am 27. September schon kündigte Raspe an, bei einer »polizeilichen Lösung« der Entführung Schleyers würde es eine »politische Katastrophe« geben, nämlich »tote Gefangene«.

Die 1990 in der DDR festgenommenen Exterroristinnen Susanne Albrecht und Monika Helbing sagten vor der Karlsruher Bundesanwaltschaft aus, die Stammheimer Häftlinge hätten ihren Tod von vornherein geplant, falls die Befreiung scheitern sollte. Die Maßnahme hieß RAF-intern »Suicide Action«. Als »Lüge« bezeichnete Helbing die Geschichte vom »Mord an den Gefangenen«. Brigitte Mohnhaupt habe ihr gegenüber gesagt, »daß die Gefangenen in Stammheim keinen anderen Weg sahen, als sich selbst umzubringen«. Anlaß sei jedoch nicht die »Verzweiflung« gewesen, sondern angeblich der Wunsch, »die Politik der RAF weiter voranzu-treiben«.

»Man kann die Perfidie auch so weit treiben«, so der damalige Bundesinnenminister Werner Maihofer am 18. Oktober 1977, »daß man seine eigene Tötung zur Hinrichtung macht.«

Am Nachmittag des 19. Oktober 1977 erhielt die französische Zeitung *Libération* eine Mitteilung der Schleyer-Entführer. »Wir haben nach 43 Tagen Hanns Martin Schleyers klägliche und korrupte Existenz beendet. Herr Schmidt, der in seinem Machtkalkül von Anfang an mit Schleyers Tod spekulierte, kann ihn in der Rue Charles Peguy in Mülhausen in einem grünen Audi 100 mit Bad Homburger Kennzeichen abholen. Für unseren Schmerz und unsere Wut über die Massaker von Mogadischu und Stammheim ist sein Tod bedeutungslos. Andreas, Gudrun, Jan, Irmgard und uns überrascht die faschi-stische Dramaturgie der Imperialisten zur Vernichtung der Befreiungsbewegung nicht. Wir werden Schmidt und die ihn unterstützenden Imperialisten nie das vergossene Blut verges-sen lassen. Der Kampf hat erst begonnen. Freiheit durch bewaffneten antiimperialistischen Kampf.«

Ist der Rechtsstaat am Morgen des 18. Oktober 1977 zum Mordstaat geworden? Nein. Ein zynisches, aber durchschlagendes Argument kommt von Kriminaloberrat Günter Textor, der damals Chef der »Sonderkommission Stammheim« war. Er sagte: »Wenn schon Killer, dann lassen die doch nicht einen überleben.«

Aldo Moro

Der Schriftsteller Alberto Moravia sagte über den beginnenden Prozeß gegen die Entführer und Mörder Aldo Moros, daß sich die Italiener »wohler und paradoxerweise auch freier im Dunkeln der Verschwörung als im hellen Licht der demokratischen Institutionen fühlen«. Perfekte Voraussetzungen also für eine Verschwörungstheorie, die sich gewaschen hat – obwohl es auf den ersten Blick doch klarer kaum gehen konnte als bei der Entführung und Ermordung des ehemaligen italienischen Regierungschefs.

Aldo Moro war gewissermaßen der Rudolf Scharping Italiens: Etwas phlegmatisch, um Ausgleich bemüht, von allen geachtet und doch immer unterschätzt; ein Worthülsenproduzent erster Güte (und gerade im politischen Leben Italiens ist die Konkurrenz nicht klein). Dennoch schaffte der aus Lecce stammende Mann eine einzigartige Karriere; zum Zeitpunkt seiner Entführung dürfte er der wichtigste Politiker Italiens gewesen sein.

Der am 23. September 1916 geborene Jurist überlegte kurz nach dem Zweiten Weltkrieg zunächst, ob er der Democrazia Cristiana, den Christdemokraten, oder den Sozialisten beitreten sollte, entschied sich dann aber für die DC. Im Juni 1946 wurde er für den Bezirk Bari in die Verfassungsgebende Versammlung gewählt.

Im Mai 1948 trat Moro als Unterstaatssekretär im Außenministerium in die Regierung de Gasperi ein und war zeitweilig Leiter des Afrika-Ministeriums. Anfang 1955 übernahm er sein erstes Ministeramt im Ressort Justiz. In der bisweilen in bis zu neun Strömungen zerfallenden DC war er Mitglied der »Initiativa Democratica«, eines sozial orientierten Parteiflügels. 1957 wurde Moro zum Erziehungsminister ernannt.

1962 bewahrte er die DC vor der drohenden Spaltung, weil er eine achtstündige Rede hielt, in der er die Gegner einer Öffnung nach links mürbe machte; schließlich konnte Ministerpräsident Fanfani die erste Mitte-Links-Regierung bilden. Spätestens seit dieser legendären Rede gibt es in Italien die Wissenschaft der »morologia«: die Übersetzung der Sprache der Politiker in die normale Bedeutung. Keiner beherrschte diese Kunst des Parteichinesisch so wie Moro. Die gefährlichen, oft auf Spaltung bedachten Strömungen innerhalb der Christdemokraten etwa erklärte er zu »parallelen Konvergenzen«.

Im Wirrwarr der mediterranen Staatskunst wurde Moro sechsmal Außenminister und fünfmal Ministerpräsident. Seine wichtigste Tat jedoch war der »historische Kompromiß« – die Beteiligung der traditionell starken Kommunistischen Partei an der Regierung.

Am Donnerstag, den 16. März 1978, saß Moro wie beinahe jeden Morgen im Fond seines schwarzen Dienst-Fiat und studierte Akten. Am Steuer und auf dem Beifahrersitz saßen die Leibwächter. Hinter dem Fiat fuhr ein Alfa Romeo mit weiteren drei Leibwächtern. Um 9.08 Uhr bogen beide Autos in die Via Mario Fani ein. Plötzlich leuchteten ohne ersichtlichen Grund vor der Kolonne Bremslichter eines weißen Fiat 128 mit Diplomatenkennzeichen auf. Der Fahrer von Moros Wagen stieg auf die Bremse, der Alfa krachte in den Moro-Fiat. Aus dem vorausfahrenden Fiat sprangen Männer mit Maschinenpistolen und schossen sofort. Auch aus einem anderen Auto sprangen Terroristen hervor. Einer von Moros Bewachern konnte noch die Wagentür aufreißen, doch zwei Schritte später war er tot. Zwei Männer des Terrorkommandos zerrten Moro in einen Fiat 132 und rasten mit ihm davon. Über neunzig Patronenhülsen lagen auf der Straße. Vier Leibwächter waren auf der Stelle tot, der fünfte starb wenig später im Krankenhaus.

Zwei Tage nach der Entführung traf das erste Lebenszeichen Moros bei der römischen Tageszeitung »Il Messagero« ein: Auf dem Polaroidfoto sitzt Moro vor einem Banner, das mit einem fünfzackigen Stern und der Aufschrift »Rote Brigaden« bemalt ist. Polizei und Öffentlichkeit waren verwirrt, denn die Forderungen der Entführer blieben im dunkeln. Ein grausames Spiel der Desinformation begann: Am 15. April gaben die Entführer bekannt, Moro sei »schuldig und wird deshalb zum Tode verurteilt«. Am 18. April meldete ein Schriftstück, das mit »Rote Brigaden« unterzeichnet war, Moro sei »durch ›Selbstmord‹ hingerichtet« und liege im Duchessasee in den Abruzzen. Ein Großaufgebot von Polizei und Tauchern durchkämmte das Gebiet, fand aber nur die Leiche des Schafhirten Angeli. Am 20. April dementierten die Terroristen die Todesmeldung und bewiesen durch ein Polaroidfoto, daß der Entführte lebte. Am gleichen Tag wurde der Mailänder Gefängnisbeamte Francesco Di Cataldo ermordet. Am 24. April verlangten die Roten Brigaden Moros Austausch gegen dreizehn Gefangene – ohne jedoch ein Ultimatum zu stellen. Am

26. April schossen Extremisten den DC-Politiker Girolamo Mechelli nieder.

Diese Vorgehensweise schien zur damaligen Zeit überaus gerissen. »Der Fall Moro zeigt, wenn es dieses Beweises noch bedurft hätte, wie planvoll und flexibel die italienischen Terroristen vorgehen«, schrieb der *Spiegel,* als der Ausgang der Entführung noch ungewiß war. Das Nachrichtenmagazin zitierte einen römischen Beamten, der meinte, im Vergleich zu den Roten Brigaden »wirken die Entführer des Herrn Schleyer geradezu phantasielos«.

Vom »Terror nach deutscher Art« war während der Moro-Entführung in der Welt zu lesen, denn das Kidnapping von Spitzenleuten aus Staat und Wirtschaft mit dem Ziel, Gesinnungsgenossen freizubekommen, schien eine speziell deutsche Form der Perfidie zu sein. Viel üblicher war (und ist) in Italien die Entführung gegen Geld: Im Vorjahr der Moro-Entführung waren es achtundsiebzig Menschen, die gegen Lira wieder auf freien Fuß gesetzt wurden (die Dunkelziffer dürfte erheblich höher sein, weil die Polizei oft nicht eingeschaltet wird).

Zudem richtete sich der Terror der Linksextremisten bis dato ausschließlich gegen Subalterne und Handlanger, niemals, wie in Deutschland, gegen die Mächtigsten der Mächtigen. Aufgrund der Moro-Entführung stellte sich denn auch der gleiche Effekt wie in Deutschland ein: So wie die RAF spätestens nach der Schleyer-Entführung die letzten Spuren von Sympathie verspielte, so fanden plötzlich in Rom und in anderen italienischen Städten Studentendemonstrationen gegen den Terror der Roten Brigaden statt.

Bald suchten die Ermittler nach möglichen deutsch-italienischen Verbindungen. Bereits 1969/70 waren Andreas Baader und Gudrun Ensslin in Rom und Neapel bei Gesinnungsgenossen untergetaucht. Der Mailänder Millionär und linke Verleger Giangiacomo Feltrinelli, eine der bizarrsten Figuren Italiens, der 1972 ums Leben kam, soll die Untergrundkämpfer dies- und jenseits der Alpen mit Geld unterstützt haben. Die italienische Polizei entdeckte außerdem bei einer Razzia ein Dokument, in dem die Kompromißlosigkeit der RAF bestaunt und sie als »fundamentaler Bezugspunkt für die revolutionären Initiativen auf dem ganzen Kontinent« bezeichnet wurde.

Daß der Terror in Italien dermaßen eskalierte, liegt auch an einer wie ausgedacht klingenden Liebesgeschichte. Renato Curcio war der Kopf der APO, die sich an der Universität von Trient konzentrierte. 1968 ehelichte der selbsternannte Revolutionär und Guerrillero Margherita Cagol, eine Studentin aus bürgerlichem Hause – es mußte in Weiß geheiratet werden. Kurz danach tauchten beide in den Untergrund ab.
Im Winter 1971/1972 baute das Paar die »Brigate Rosse« auf, weil ihnen die linken Gewerkschaften zu lasch schienen. Ihr erstes Opfer, ein Fabrikdirektor, kam Anfang 1972 noch mit Schlägen davon; 1974 entführten sie einen Staatsanwalt und ließen ihn einfach wieder laufen, als die Regierung einen Austausch gegen acht inhaftierte Genossen verweigerte. Kurz danach wurde Curcio gefaßt, aber am 18. Februar von Margherita aus dem Gefängnis freigeschossen. 1975 entführten die Roten Brigaden den Sekt-Millionär Vittorio Vallarino; bei der Befreiung durch die Polizei starb Marghcrita. Anfang 1976 wurde schließlich auch Curcio festgenommen.
Um den Prozeß gegen Curcio und weitere vierzehn Führer

ihrer Organisation zu verhindern, griffen die Nachfolger zu hemmungsloser Gewalt. Die Christdemokraten hätten gewarnt sein müssen, denn Anfang 1977 verkündeten die Roten Brigaden: »Der politische Garant der Gegenrevolution heißt in Italien Democrazia Cristiana.« Es folgten über fünfzig Anschläge auf DC-Büros.

Nach seiner Entführung verfaßte Moro insgesamt fünfundzwanzig Briefe, in denen er seine Partei und die Regierung Andreotti beschwor, sich auf den Austausch einzulassen und so sein Leben zu retten. Dabei stand Moro keineswegs unter Drogen; er kämpfte um sein nacktes Überleben. Doch was keiner für möglich gehalten hatte, trat ein: Die italienische Regierung blieb hart – so hart, daß sie viel Kritik einstecken mußte. Von »Preußentum« war die Rede, von einer »Germanisierung« Italiens. Sozialistenchef Craxi und viele andere sagten, man müsse auf einen Tauschhandel unbedingt eingehen. Auf Tonbandprotokollen rechnete Moro mit seinen Parteifreunden ab. Über Andreotti sagte er: »Ein Mann ohne Skrupel, gebunden an die trübe Welt von Geschäftemachern und Aufwieglern von niedrigstem Niveau.« Über Parteisekretär Zaccagnini: »Der dümmste Sekretär, den die DC in ihrer Geschichte gehabt hat.«
Am 9. Mai 1978, den fünfundzwanzigsten Tag von Moros Gefangenschaft, durchsiebten ihn die Terroristen mit elf Kugeln, deponierten den Leichnam in einem roten Renault 4 und parkten ihn in der Via Caetani – auf halbem Weg zwischen den Parteizentralen der DC und der KPI. Eine »Mutprobe«, wie sie später aussagten.

Vier Jahre später begann der Prozeß gegen die Entführer. Bleibt also noch Raum für eine Verschwörungstheorie? Reichlich. Zunächst wäre da Eleonora Moro, die Witwe. Sie glaubt, Moro sei von seiner eigenen Partei geopfert worden, weil seine vorgeblich kommunistenfreundliche Politik den rechten Strömungen der Partei zu gefährlich geworden sei. Tatsächlich war Moro, als er gekidnappt wurde, auf dem Weg zum Abgeordnetenhaus, in dem am gleichen Tag die erste von den Kommunisten unterstützte Regierung der »Nationalen Einheit« vereidigt werden sollte. Ihr Mann, so Eleonora, sei in den Monaten vor seinem Tod im In- und Ausland dazu gedrängt worden, von seiner kommunistenfreundlichen Haltung abzulassen. Eleonoras Handicap: Beim Prozeß drückte sie sich in der gleichen unklaren Wortwahl aus, mit der ihr Mann die italienische Nachkriegspolitik geprägt hatte: viele Andeutungen, keine Fakten.

Die Ungereimtheiten bei der Fahndung tun ihr übriges, um Mißtrauen zu wecken. Der Schweizer Anwalt Payot, den die Familie Moro wegen seiner Erfahrung beim Fall Schleyer um Hilfe bat, zog sich nach einem Gespräch mit einem Staatssekretär aus dem römischen Innenministerium zurück. Auch der Londoner Zentrale von Amnesty International sei jegliche humanitäre Initiative strikt untersagt worden.

Selbst das Übernatürliche, für das die Italiener trotz ihres vehementen Katholizismus eine Schwäche haben, mußte herhalten: Bei einer spiritistischen Sitzung kurz nach der Entführung Moros, an der die Familie und auch christdemokratische Spitzenpolitiker teilnahmen, sei der Straßenname Gradoli gefallen. Innenminister Cossiga winkte ab, weil es eine Straße mit diesem Namen nicht gebe. Später schaute aber Eleonora Moro selbst ins Straßenverzeichnis, wurde fündig und teilte es sofort dem Innenministerium telefonisch mit.

Drei Tage nach der Moro-Entführung durchsuchten Polizisten die Via Gradoli Nummer 96; und sie waren nahe dran. Doch ausgerechnet die konspirative Wohnung des Drahtziehers der Moro-Entführung, Mario Moretti, umgingen sie – obwohl der Etagennachbar aussagte, die Mitbewohner übermittelten »nachts deutlich per Morsezeichen Nachrichten«.

Es wurde bekannt, daß sich ein Offizier des Militärgeheimdienstes Sismi zur fraglichen Stunde nahe dem Ort des Anschlages aufgehalten hatte. Auch die bis heute verschwundenen Fotos, die ein Amateur kurz nach der Tat geschossen hatte, geben Rätsel auf.

Eine Schlüsselrolle spielte offenbar der Journalist Mino Pecorelli, der im März 1979, ein Jahr nach der Entführung Moros, ermordet wurde. Moro soll nämlich in Gefangenschaft ein Memorandum verfaßt haben, in dem er das Verhältnis Giulio Andreottis zu den Geheimdiensten offenbart hatte. Dieses Memorandum soll der später von der Mafia ermordete Carabinieri-General Alberto Dalla Chiesa an Andreotti weitergereicht haben. Pecorelli aber habe diese Dokumente offenbar gekannt. Deswegen, glauben Verschwörungstheoretiker, gab Andreotti den Auftrag zur Ermordung Pecorellis.

Während des Prozesses 1982 fällt auch der Name P2; jene berüchtigte Geheimloge, in der mindestens dreiundvierzig Generäle und hunderteinundvierzig Offiziere in den Streitkräften und Sicherheitsdiensten standen. Maria Eletta Martini, offizielle DC-Prozeßbeobachterin, sagte: »Man muß noch abwarten, in welchem Zusammenhang die endlosen Versäumnisse und die Ignoranz des Staates in der Affäre Moro zu jenen Freimaurerverbindungen stehen, die mit dem Skandal um die Loge P2 entdeckt wurden.« Und weiter: »Moros innenpolitisches Konzept der Nationalen Einheit, aber auch seine außenpolitische Idee für die Mittelmeerländer war sicher keine Politik, die den Freimaurern gefallen konnte.« Andeutungen, Vermutungen, Halbwahrheiten – eine klassische Verschwörungstheorie mit allen Ingredienzen.

Prolog der Entführung, Epilog des Moro-Kapitels: Bizarrerweise schrieb der sizilianische Schriftsteller Leonardo Sciascia Jahre vor Moros Entführung einen Roman, den der Regisseur Elio Petri noch 1977, ein Jahr vor dem Tod des Christdemokraten, unter dem Titel »Todo Moro« verfilmte. Moro wurde in dem Film ermordet – von der CIA. Damit sind alle maßgeblichen Personen und Institutionen genannt. Zweifelt etwa noch jemand?

Papst Johannes Paul I.

Der Papst ermordet? Aber natürlich! Ein hinterhältiger Giftanschlag? Ja, was denn sonst? So ähnlich lauteten über Jahrhunderte hinweg die Reaktionen der Italiener, wenn wieder einmal der Oberhirte einen allzu frühen Abschied von dieser Welt genommen hatte. Ähnlich wie die römischen Kaiser, in vielerlei Hinsicht gewissermaßen die dynastischen Vorfahren der göttlichen Stellvertreter, raffte der Tod zu mancher Zeit allzu früh die armen Seelen vom Heiligen Stuhl hinweg. Dabei ist nur ein Giftmord an einem Nachfolger Petri nachweisbar: Papst Alexander VI. im Jahr 1503. Mit den heutigen medizinischen Möglichkeiten allerdings hätte man wohl noch den einen oder anderen Tod als Mord entlarvt.

Die nebulösen Begleitumstände beim Tod Johannes Paul I. gelten unter Verschwörungstheoretikern als Paradefall wie sonst nur noch der JFK-Mord. Beim direkten Vergleich ist interessant, daß die Medien mit Meldungen über den möglicherweise unnatürlichen Tod des (beim Schreiben dieser Zeilen) vorletzten Papstes weitaus skeptischer umgehen als mit etwaigen Kennedy-Komplotten, wo auch seriöseste Organe eifrig mitspekulieren. Dürfen wir vermuten, daß manche Journalisten den Vatikan tatsächlich noch als heilige Erde betrachten? Wir dürfen. Dabei weiß doch schon der Volksmund, daß das Böse stets dort lauert, wo man es am wenigsten erwartet.

Dazu kommt, daß seriöse Autoren sehr genau recherchiert und dabei Indizien zu Tage gefördert haben, an denen man nicht vorbeisehen kann. Wer beispielsweise den 1984 erschienenen Weltbestseller *Im Namen Gottes?** von David Yallop gelesen hat, kann kaum noch an einem Mordkomplott gegen den »lächelnden Papst« zweifeln. Oder doch?

Die Fakten: Albino Luciani wurde am 17. Oktober 1912 in Forno di Canale bei Belluno geboren. Sein Vater, ein überzeugter Sozialist, lebte einige Jahre als Gastarbeiter im Ausland, auch in Deutschland und der Schweiz, ehe er eine Anstellung als Glasbläser in Murano fand. Die Mutter mußte für die ordentliche religiöse Erziehung sorgen.

Im April 1935 wurde Luciani zum Priester geweiht. Er stieg die Karriereleiter der Kurie steil nach oben und wurde 1969 von Papst Paul VI. zum Erzbischof von Venedig ernannt. Im März 1973 wurde er Kardinal.

Luciani galt als freundlich, offen, ehrlich und einnehmend, aber auch als ein Verteidiger der überlieferten Lehre. Er wandte sich massiv gegen das Experiment der Arbeiterpriester, gegen die Ehescheidung und gegen Abtreibung. Diese Tatsache sollte man für alle kommenden Verschwörungstheorien im Hinterkopf behalten.

Nach dem Tode Papst Paul VI. wurde Albino Luciani am 26. August 1978 von den in der Konklave versammelten hundertelf Kardinälen bereits im dritten Wahlgang am ersten Tag

*   Droemer Knaur Verlag, München

zu dessen Nachfolger gewählt – eine echte Überraschung für die Beobachter und wohl auch für die Kardinäle selbst, denn Luciani hatte bis zum letzten Wahlgang nie zum engeren Kandidatenkreis gezählt.

Als erster Papst überhaupt wählte Luciani einen Doppelnamen: Johannes Paul I. war eine Kombination der Namen seiner beiden Vorgänger; dies durfte man nach den vatikanischen Gepflogenheiten durchaus als Zeichen der Kontinuität verstehen. Am 3. September fand die feierliche Amtseinführung statt, bei der Luciani auf das Krönungszeremoniell verzichtete. Seine erste Amtshandlung: die Bestätigung des Kardinalstaatssekretärs Villot, des Substituten Caprio und des vatikanischen »Außenministers« Casaroli in ihren Ämtern.

Was am Abend des 28. September 1978 passierte, legte den Grundstein für ein erstaunlich schnell nach oben schießendes Gebäude aus Halbwahrheiten, Mutmaßungen, Verdächtigungen. Die offizielle Version: Am Abend speiste Johannes Paul I. mit seinen beiden Privatsekretären Magee und Don Diego. Die Schwestern Vincenza und Assunta servierten klare Brühe, Kalbfleisch, grüne Bohnen und Salat. Danach telefonierte der Papst vom Nebenzimmer aus mit dem Mailänder Kardinal Colombo. Der Kardinal gab später zu Protokoll: »Er sprach zu mir mit normalem Ton, aus dem kein Anzeichen für eine körperliche Erkrankung herauszuhören war, er war gelassen und zuversichtlich. Seine Abschiedsworte waren: ›Beten Sie‹.« Um 21.30 Uhr schloß er die Tür seines Schlafzimmers und sagte zu seinen Sekretären: »Buona notte. A domani. Se Dio Vuole.« – Gute Nacht. Bis morgen. So Gott will.

Johannes Paul I. starb gegen 23 Uhr an einem Herzinfarkt, was erst am folgenden Morgen bemerkt wurde. Um 7.27 Uhr verkündete Radio Vatikan den Tod des Papstes. Pater Magee habe, so die offizielle Version in einer ersten Stellungnahme, die Leiche entdeckt.

Die wahrscheinlichere Variante offenbarte rund zehn Jahre später der britische Journalist John Cornwell, der Bruder des Bestseller-Autoren John Le Carré. Auf Wunsch des Vatikans sollte er die genauen Todesumstände recherchieren und bekam Zugang zu allen notwendigen Quellen. Demnach saß John Magee mit den Schwestern am Abend des 28. September lange in der Küche und trank Tee. Der schlechte Gesundheitszustand des Papstes machte ihnen allen Sorgen. Am Nachmittag hatte der Papst einige besorgniserregende Schwächeanfälle gehabt. Die Teetrinker gingen die Liste der Päpste durch und zählten dabei die Tage der kürzesten Regentschaften. Was, wenn Johannes Paul I. nach dreiunddreißig Tagen sterben sollte?

Um 23 Uhr ging Pater Magee zu Bett. Besorgt schaute er noch einmal am Schlafzimmer des Papstes vorbei. Er bemerkte, daß noch Licht brannte, und öffnete die Tür. Er sah den Papst gekrümmt auf dem Boden liegen, die Hände in Agonie an die Brust gepreßt.

Magee war völlig verzweifelt. Er ging mit Don Diego gemeinsam ins Schlafzimmer. So dürfen Päpste nicht sterben – allein und auf dem Boden liegend. Alle Päpste der jüngeren Geschichte sind umsorgt und durch die Sakramente gestärkt in ihren Betten gestorben. Wie sollten sie der Welt erklären, daß sie keinen Arzt gerufen haben, obwohl es dem Papst tagsüber so schlechtging? Sie verfrachteten ihn ins Bett, stützten ihn mit Kissen, damit sein Kinn auf die Brust sank. Sie setzten ihm eine Brille auf die Nase und gaben ihm Papiere in die Hand, so daß es aussah, als sei er ohne Vorwarnung eingeschlafen. Dann jedoch wollten sie kein Alarm auslösen, weil sie Angst hatten, gefragt zu werden, was sie denn mitten in der Nacht in den päpstlichen Gemächern zu suchen gehabt hätten. (Daß es sich genau so abgespielt hatte, gaben Magee und Don Diego in Interviews im Jahre 1987 und 1988 zu.)

Also sollte alles am besten seinen gewohnten Gang gehen und der Papst erst am nächsten Morgen gefunden werden. Doch Magee und Don Diego wußten nichts von der heimlichen Routine der Nonne Vincenza, die dem Papst stets um kurz vor oder kurz nach fünf Uhr morgens einen Kaffee brachte. Magee und Don Diego wurden herbeigerufen und taten, als sei gestern Nacht nichts gewesen. Sie riefen den Arzt Buzzonetti. Ob er bei dem lächerlichen Anblick des Toten nicht zweifelte, ist unklar. Auf jeden Fall stellte er sofort den Totenschein aus: Myokardinfarkt.

Kardinalstaatssekretär Villot gab bekannt, Magee habe den Papst gefunden. Man hielt es nicht für opportun, der Öffentlichkeit mitzuteilen, daß eine Frau, wenn auch eine Nonne, Zugang zum Schlafzimmer des obersten Katholiken hatte. Diese Lüge mit Magee entpuppte sich in dem Verwirrspiel also als Wahrheit.

Daß John Cornwell, der keine Indizien für einen Mord oder eine Verschwörung fand, seine Recherchen im Auftrag des Vatikans ausführte, sollte man besser für sich behalten. Verschwörungstheoretiker dagegen sammeln fleißig Indizien, ohne sie wirklich vorweisen zu können. Angeblich habe Vincenza nach dem Tod des Papstes eine leere Ampulle in dessen Zimmer gefunden. Sie bewahrte sie wie eine Reliquie auf und schenkte sie dann ihrer Oberin. Die wiederum schickte die Ampulle in das Mutterhaus nach New York. Dort ließ man die Ampulle analysieren und fand heraus, daß sich in ihr ein starkes Herzmittel befunden hatte. Dieses Herzmittel kann einen Infarkt verhindern, aber in hoher Dosis auch den Tod hervorrufen.

Motive für einen Mord an Johannes Paul I. soll es viele gegeben haben, und die Täter des Mordkomplotts geben Aufschluß darüber. Anstifter des Ungeheuren soll Lucio Gelli gewesen sein, und zu den Gliedern in der langen Kette der Verschwörung gehören Jean Villot und John Cody, der Kardinalerzbischof von Chicago, sowie Erzbischof Paul Marcinkus, Präsident der Vatikanbank, weiter die Bankiers Roberto Calvi und Michele Sindona.

Das Motiv Villots: Er, der verknöcherte Konservative, war nicht einverstanden mit der angeblich avisierten »Öffnung« des Vatikans und damit des gesamten Katholizismus. Verschwörungstheoretiker versuchen, im Falle Johannes Paul I. zu beweisen, daß er genau dieses angestrebt habe – eine liberalere Kirchenpolitik, ja sogar die Revision der Pillen-Enzyklika »Humanae vitae«. Jedoch, wir erinnern uns, spricht sein ganzes Leben gegen diese These. Ja, Johannes Paul I. war bestimmt ein herzensguter Mensch (was man wahrlich nicht von allen Päpsten behaupten kann), doch ein liberaler Erneuerer war er nicht. Dies ist eine entscheidende Schwachstelle in vielen Konspirationstheorien. Die starken Stellen aber kommen noch.

John Cody und Paul Marcinkus standen angeblich kurz vor der Entlassung. Am Abend kurz vor seinem Tod soll der Papst dies Marcinkus gesagt haben. John Cody war der Kurie in vielerlei Hinsicht ein Dorn im Auge; selbstherrlich und offenbar in Zusammenarbeit mit zwar kirchen- aber weniger gesetzestreuen Kreisen hatte er sich in den Vereinigten Staaten ein kleines Reich aufgebaut und gerierte sich wie ein leibhaftiger Gegenpapst.

In den Jahren um 1978 fädelte die Mafia mit den Bankiers Michele Sindona und Roberto Calvi, Chef der Banco Ambrosiano, einen Milliarden-Dollar-Deal ein – selbstverständlich illegal. Auch Marcinkus als Chef der Vatikanbank war daran beteiligt. Später gestand der Vatikan auch die Beteiligung an den Geschäften ein und transferierte hundertzwanzig Millionen Dollar Entschädigung an die geprellten Kunden der Banco Ambrosiano. Der Papst nun habe das Geschäft schnell durchschaut und wollte allen den Geldhahn zudrehen.

Als Drahtzieher des Komplotts gilt Licio Gelli, Chef der berüchtigten und undurchschaubaren Loge P 2, die angeblich den Freimaurern angeschlossen ist. Die Freimaurer, wir erinnern uns, spielten schon beim Tode Mozarts und in einigen weiteren Konspirationen eine Hauptrolle. Was Verschwörungstheorien betrifft, sind sie quasi die CIA des alten Kontinents.

Einige der am mutmaßlichen Komplott Beteiligten starben denn auch seltsame Tode: Roberto Calvi schied 1982 aus dem Leben, aufgehängt unter der Blackfriars Bridge in London. Michele Sindona wurde 1986 im Gefängnis mit einer vergifteten Tasse Espresso getötet.

Der ausführende Mörder des Papstes hieß Villot. Er soll ihm eine tödliche Dosis des Fingerhutgifts Digitalis verabreicht und anschließend angeordnet haben, den Leichnam sofort einzubalsamieren, wodurch bei einer möglichen Autopsie der Nachweis von Giftstoffen im Blut des Toten unmöglich gemacht worden sei. Außerdem soll der Papst mit einer Liste der Umbesetzung entscheidender Posten in der Hand gestorben sein; diese Liste und auch das Effortil-Fläschchen für den Bluthochdruck habe Villot sofort eingesteckt. Anschließend ließ Villot das vatikanische Presseamt wahrheitswidrig verbreiten, der Papst habe, als ihn der Tod überraschte, das Buch »De imitatione Christi« gelesen.

David A. Yallop zitiert zur Unterstützung seiner Mordthese Albino Lucianis Ärzte Da Rosa und Rama. Beide attestierten dem Papst kurz vor seinem Tod einen »vortrefflichen Zustand«; lediglich hätte er unter zu niedrigem Blutdruck gelitten.

Rationalisten hingegen, wie langweilig, vermuteten einen profaneren, geradezu klassischen Grund für den Herzinfarkt: Arbeitsüberlastung. »Jeder, der Bescheid wußte, sagte, er sei mit seinem Latein am Ende«, zitierte John Cornwell einen Vatikan-Beamten. Ein weiterer Beamter sagte: »Einige Tage vor seinem Tod habe ich ihm bei einer Audienz die Hand geschüttelt und wußte, da hielt ich die Hand eines toten Mannes.«

Tatsächlich war Albino Luciani mit fünfundsechzig Jahren auf den anstrengendsten Chefposten der Welt gehievt worden – dreitausend vatikanische Angestellte vor Ort, dreitausend Bischöfe in der Welt und eine Milliarde Katholiken, die, zumindest formal, auf ihn hörten. Angeblich soll Luciani sich nach dem Tode gesehnt und Gott angefleht haben, ihn zu erlösen.

Ja, Albino Luciani war ein guter Mensch. Zu gut für diese Welt, zu gut für die Schlangengrube des Vatikan. »Wir hatten ihn nicht verdient«, sagte Don Diego später. Papst Johannes Paul I. ist an seiner Aufgabe zerbrochen – so oder so.

Gracia Patricia

Um es rundheraus zuzugeben: Kaum eine der hier behandelten Verschwörungstheorien steht auf wackligeren Beinen, fußt auf weicheren Indizien als ebendiese, Gracia Patricia, ehemals Grace Kelly, sei nicht durch einen Unfall, sondern durch Mord gestorben.

Die seriösesten Berichte stammen in der deutschen Presse aus den Zeitschriften *Das Neue, Das Neue Blatt, Neue Welt, Die Aktuelle, B.Z., Bild* und *Bild am Sonntag.* Zu abstrus sind die Vorwürfe, als daß auch nur eine renommiertere Zeitschrift sie kommentiert, geschweige denn kritiklos verbreitet hätte.

Dennoch ist der Fall wichtig, zeigt er doch, mit welcher Kraft und mit welcher Lust (und vielleicht auch: mit welcher Skrupellosigkeit) Verschwörungstheorien durchgedrückt werden, und mit welcher Lust die Theorien konsumiert werden. Prominente sterben nicht nur öffentlich, sondern auch, nach Meinung vieler, niemals eines natürlichen Todes. Der Fall Gracia Patricia hat insofern einiges gemein mit dem Fall Diana, und Gracia Patricia selbst kann in vielerlei Hinsicht als Vorläuferin Dianas gelten.

Aber nicht in jeder Hinsicht. Ihr Leben verlief, mit Verlaub, noch um einiges schillernder, unglaublicher und märchenhafter. Ihr Vater begann seine Karriere als einfacher Maurer und wuchtete aus dem Nichts einen Großkonzern in die Landschaft. Nebenbei gewann er eine olympische Goldmedaille im Rudern. Grace' Mutter, eine Leichtathletin, war aus Düsseldorf als Gymnastiklehrerin in die USA gekommen und hatte es geschafft, als erste Frau an der Universität von Philadelphia Sport zu unterrichten. Wie später die Tochter, so arbeitete auch die Mutter als Fotomodell. Grace' Bruder, auch er Ruderer und Bronzemedaillist der Olympischen Spiele, wurde später Präsident des Nationalen Olympischen Komitees der USA.

Neidisch? Es geht noch weiter. Grace wollte unbedingt Schauspielerin werden, und ihr Vater unterstützte sie von ganzem Herzen. 1949 erhielt sie am Broadway eine Rolle in Strindbergs »Vater«, ein Stück, bei dem offensichtlich die richtigen Leute im Zuschauerraum saßen, denn schon 1952 schaffte sie ihren Durchbruch in Hollywood mit dem großen Western *High Noon* (12 Uhr Mittags). Sie erhielt einen Siebenjahresvertrag bei MGM, von denen sie dann an verschiedene Filmgesellschaften wie Warner Brothers oder Paramount ausgeliehen wurde. Kosten der Blondine: fünfundzwanzigtausend Dollar pro Film. Grace spielte an der Seite von Clark Gable, Bing Crosby und William Holden, sie begeisterte Alfred Hitchcock in den Filmen *Bei Anruf Mord* und *Das Fenster zum Hof.*

Gar einen Oscar für die beste weibliche Hauptrolle des Jahres 1954 erhielt sie für ihre Rolle in *The Country Girl (Das Mädchen vom Lande)*. 1956 kam noch die »Henrietta« hinzu: Ein von der Auslandspresse vergebener Preis für die beliebteste Schauspielerin.

Grace Kelly war auf dem Zenit dessen, was das zwanzigste

Jahrhundert zu bieten hatte, als sie Anfang 1956 das bekam, was in den Jahrhunderten zuvor als Optimum galt: Sie verlobte sich mit Fürst Rainier III. von Monaco. Sie drehte noch zwei Filme, darunter *High Society*, und dann heiratete sie am 18. April 1956 unter »außerordentlich großer Anteilnahme der Weltöffentlichkeit« (so die Agenturen) in den Hoch- und Höchstadel ein. Eintausendzweihundert Journalisten waren akkreditiert und bewunderten das Brautkleid aus zweihundertsechzig Meter Spitze, das die Filmgesellschaft MGM gestiftet hatte. Die Gästeliste war kaum zu überbieten; US-Kolumnist Art Buchwald erfand das Bonmot der »countless counts« (unzählige Grafen).

Logisch, daß die Hochzeit ihren Marktwert steigerte, doch Grace, die jetzt Gracia Patricia hieß, lehnte alle verführerischen Offerten der Hollywood-Produzenten ab; angeblich, weil Fürst Rainier es nicht wollte. Erst im Frühjahr 1982 stand sie wieder vor der Kamera und drehte im Vatikan einige Szenen zu dem Film *The Greatest Mystery*, der die Auferstehung Christi behandelt und für religiöse Fernsehanstalten in den USA produziert wurde.

Dann kam der 13. September 1982, ein Montag. Gracia Patricia fuhr mit ihrer siebzehnjährigen Tochter Stéphanie von der Sommerresidenz La Turbie nach Hause. Auf der berühmten Serpentinenstraße D 37 (die Moyenne Corniche) kam der Wagen, ein Rover 3500, in einer Haarnadelkurve vom Weg ab und stürzte vierzig Meter tief einen Abhang hinab.

Einen Tag später erlag die Fürstin ihren Verletzungen – ein Schock für viele, denn inoffiziell hatte es zunächst geheißen, sie habe lediglich einen Oberschenkelhalsbruch erlitten. Die offizielle Unglücksursache: Gracia habe während der Fahrt einen leichten Schlaganfall erlitten und die Gewalt über den Wagen verloren. Stéphanie erlitt einen Splitterabbruch an einem Halswirbel.

Das erste Gerücht: Saß in Wahrheit die führerscheinlose Stéphanie am Steuer? Der Gärtner Sestio Lequio, der als erster am Unfallort war, hatte Stéphanie aus der Fahrertür geholfen. Wie er sagte, habe sie erklärt, sie hätte den Wagen gesteuert. Später allerdings widerrief der Gärtner diese Aussage: Er könne sich einfach nicht mehr genau erinnern. Die Art der Verletzungen, so die behandelnden Ärzte in der nach ihr benannten »Gracia-Klinik«, lasse den Schluß zu, daß Gracia selbst gefahren sei.

Mit den Spekulationen darüber, daß illegalerweise Stéphanie am Steuer saß, hatten die Klatschgierigen erst einmal für ein paar Monate Futter – zumal aus Kreisen des Palastes später durchsickerte, Stéphanie habe den Wagen aus der Garage gefahren, sei aber, wie man sich zu versichern beeilte, keinesfalls auf der Straße am Steuer gesessen.

Wie man aus wenig eine Nachricht machte, soll chronologisch gezeigt werden.

Im April 1984 titelte die *Bild am Sonntag:* »Gracia von der Mafia erschossen!« Sie berief sich dabei auf ein Interview, welches Bruder Jack Kelly angeblich der italienischen Illustrierten *Novella 2000* gegeben hatte. Dort sagte er: »Es war kein Autounfall! Die Mafia hat meine Schwester durch einen Kopfschuß aus dem Hinterhalt ermordet!« Und weiter: »Grace ist bei der Mafia in Ungnade gefallen. Sie war die einzige, die sich gegen die Einrichtung eines weiteren Spielcasinos in Monaco gewehrt hat. Sie war auch gegen den Bau eines neuen Wolkenkratzers mitten in der Stadt, den die Mafia finanzieren wollte.«

Nun ist *Novella 2000* ein Magazin, das die Italiener »per la spiaggia« nennen, für den Strand – und ein Vergleich mit der deutschen *Bunten* wäre schmeichelhaft für *Novella 2000*. Ob Jack Kelly tatsächlich ausgerechnet diesem Journal ein Interview gegeben hatte, ist fraglich, läßt sich aber nicht mehr feststellen – später mehr.

Knapp ein Jahr später, im Februar 1985, berichtete wiederum *Bild,* wiederum auf dem Titel: »Gracia von Geheimbund ermordet?«, und die gesamte deutsche Klatschpresse zog nach. Anlaß war das Buch *Die schwarze Internationale* des sowjetischen Autoren Mikael Baklanow, in welchem er behauptete: »Der italienische Geheimbund P2 hat Gracia umgebracht.« Motiv: Sie wußte zuviel von den krummen Millionendeals des Geheimbundes um Licio Gelli, der die meisten seiner »großen Transaktionen mit dem Vatikan über die Vatikanbank« *(Die Aktuelle)* von Monaco aus abwickelte. »An den Bremsen ist herummanipuliert wurden«, so Baklanow. *Bild,* selbstreferentiell: »Auch Gracias Bruder hat immer behauptet: ›Meine Schwester ist ermordet worden.‹«

Am 2. März 1985 sank auf einer Straßenkreuzung in Philadelphia ein Mann im blaugrauen Trainingsanzug zu Boden und starb. Es war John »Jack« Kelly. Der Präsident des amerikanischen Olympischen Komitees starb beim Joggen, gerade mal siebenundfünfzig Jahre alt. »Das geheimnisvolle Sterben eines Prominenten«, befand *Bild am Sonntag* und wunderte sich: »Er war ein sportlich durchtrainierter Mann. Da wird man stutzig, wenn man die Todesursache ›Herzinfarkt‹ hört.« Munter wurde die P2 wieder ins Spiel gebracht, und dann ging es weiter: »Zwar behauptet (behauptet! Anm. d. A.) der Chef der Gerichtsmedizin in Philadelphia, Marvin Aronson: ›Kelly starb an einem Herzinfarkt. Die linke Herzkammer war blockiert.‹ Aber stirbt ein Sportler – Kelly war, wie bereits erwähnt, 1956 Bronzemedaillengewinner im Rudern – so plötzlich bei einem leichten Lauftraining? Hatte die P2, die auch Kontakte in den USA hat, ihre Hand im Spiel? Wurde John Kelly vielleicht Opfer von Drogen?«

1989 rauschte es dann noch einmal gewaltig. Leslie Waller, ein ehemaliger Geheimagent mit besten Kontakten in die Unterwelt (wer nicht), hatte ein Buch geschrieben, in dem er Sensationelles über Leben und Sterben der Fürstin zu berichten wußte. Er ist ein Experte für Kriminalität, denn er wurde in Chicago zu Zeiten Al Capones (so *Die Aktuelle*) geboren.
Nachteil des Buches: Es war ein Roman. »Ich wollte das Buch als Dokumentation veröffentlichen, als Tatsachenbericht. Doch meine Verleger machten mir klar, daß ich meine Informanten preisgeben müßte. Also wandelte ich alles in einen Schlüsselroman um«, so Waller. Die Schuldigen am Tod der »Prinzessin Faith«: die Mafia mit dem mächtigen Hintermann Aristoteles Onassis (der im Buch Dimitros Georgiadis heißt). Der habe sich mit der Mafia im Casino von Monte Carlo eingenistet. »Jahrelang haben die Gangster den Rahm abgeschöpft. Doch als Gracia merkte, was da gespielt wurde, trickste sie die ehrenwerte Gesellschaft aus. Rainier drohte Onassis damit, aus dem Casino eine Aktiengesellschaft zu machen. Um zu retten, was zu retten war, verkauften Onassis und seine Hintermänner ihre Anteile an die Fürstenfamilie. Das war der größte Triumph von Gracia.«

Das schrie nach Rache. Oder, um es mit dem Untergrund-experten Leslie Waller zu sagen: »Es war kein Racheakt. Es war kein politischer Mord. Es war Business.«

Ein französischer Untersuchungsrichter namens Jacques Bidalou wollte 1993, nach Informationen der B.Z., den Fall Gracia Patricia erneut aufrollen. Bidalou sollte sich auf den Report eines französischen Untersuchungsausschusses stützen, in dem zum ersten Mal eine Verbindung der Grimaldis zu Mafia-Aktivitäten aufgedeckt worden war. Auch Bidalou vermutete, die Mafia habe Gracia getötet. Zu ihrer Hollywood-Zeit soll Kollege Frank Sinatra sie bereits mit Mafia-Größen bekannt gemacht haben.

Mitte 1996 meldete sich ein französischer Journalist namens Roger-Louis Bianchini zu Wort, der ebenfalls behauptete, Gracia hätte der Mafia im Wege gestanden. Solange sie lebte, hätte sich kein Monegasse getraut, mit der Verbrecherorganisation zu paktieren, so die brüchige Logik des Journalisten. Auch Stefano Casiraghi, Carolines Ehemann, mußte sterben, weil er der Mafia im Weg war: Als cleverer Immobilienkaufmann hatte er der Mafia stets die besten Geschäfte vor der Nase weggeschnappt.

Überzeugt? Nicht ganz? Den Anhängern der Verschwörungstheorien reicht es ja völlig, wenn bei den Rezipienten wenigstens das dumpfe Gefühl haften bleibt, es sei »vielleicht nicht alles mit rechten Dingen zugegangen«.

KAL 007

Dienstag, 30. August 1983, 22.50 Uhr: Letzter Aufruf für den Flug KAL 007 der Korean Airlines vom New Yorker JFK-Flughafen nach Seoul. Die Boeing B 747, über siebzig Meter lang und 380 Tonnen schwer, hatte 244 Passagiere (und 29 Besatzungsmitglieder) an Bord: 76 Koreaner, 66 Bürger der USA, der Rest der Fluggäste verteilte sich auf weitere 14 Länder. Die weiße Maschine mit dem rot-blauen Farbband in Höhe der Fenster und dem stilisierten Vogel auf dem Seiten-leitwerk, die um 23.00 Uhr Ortszeit von Gate 15 zur Start-bahn rollte, war ein High-Tech-Wundervogel. Alles, was Fliegen angenehmer und sicherer machte, war an Bord dieses vierstrahligen Jets vertreten. Zum Beispiel drei Trägheitsnavi-gationssysteme, die pro Stück über hundertfünfzigtausend Mark kosten. Sie versetzten den Piloten in die Lage, jederzeit die genaue Position der Maschine zu bestimmen. Bei der Navigation halfen noch andere Geräte: drei Kompasse, zwei UKW-Drehfunkfeuer-Empfänger, zwei Bendix-Wetterradar-geräte. Mit diesem Equipment ließen sich Sturmfronten ge-nausogut erkennen wie Küstenlinien. Über eines der UKW-Geräte wurde der Funkverkehr abgewickelt, zur Sicherheit waren noch zwei Kurzwellengeräte im Cockpit. Damit die Maschine jederzeit von den Radarschirmen der Luftüberwachung geortet werden konnte, sendeten zwei Transponder codierte Signale.

Alle Systeme wurden beim Start gecheckt und funktionierten einwandfrei. Auf dem Flug zum Zwischenstopp in Anchorage/Alaska traten einige kleinere Störfälle auf. Kleinigkeiten, nichts Ernstes: Das Funkgerät für den Kontakt mit den Bodenstationen funktionierte nicht einwandfrei. Manchmal waren Funksprüche nicht genau zu verstehen. Später leuchtete eine weitere Warnlampe auf: Kompaß Nummer 2 hat einen Defekt. Nach sechs Stunden und 25 Minuten Flug traf die 747 um 2.30 Uhr Ortszeit in Anchorage ein. Vier Passagiere verließen das Flugzeug. 269 Fluggäste waren noch an Bord, während die Boeing mit über hundertvierzigtausend Litern Kerosin aufgefüllt und startklar gemacht wurde. Auch die Mannschaft wurde ausgetauscht. Es übernahm Kapitän Chun Byung-in, ein erfahrener Pilot: Der Sechsundvierzigjährige hatte etwa elftausend Flugstunden absolviert. Kurz vor dem Start ging er die Checkliste des »Flight Operations Briefing« durch, auf der die wichtigsten Informationen über genaue Flugroute, vorgeschriebene Flughöhe und weitere Einzelheiten des Flugplans verzeichnet waren. Um 3.50 Uhr würde die Maschine wieder starten, und bei einer Reisegeschwindigkeit von 800 km/h sollte das Flugzeug nach knapp acht Stunden Flug um 6.00 Uhr in Seoul ankommen. Nach dem obligatorischen Check aller wichtigen Systeme, der wiederum ohne Befund verlief – auch bei dem Funkgerät konnte kein Defekt festgestellt werden –, rollte die Maschine auf die Startbahn. Um 3.58 Uhr gab der Tower die Erlaubnis zum Start. Zwei Minuten später war die Maschine auf ihrem Kurs: West-Süd-West, die Radarschirme orteten das Signal des Transponders mit der Nummer 6072. Kurz darauf gab der

Tower die Anweisung, daß KAL 007 in Höhe des Städtchens Bethel auf die Route R20 einschwenken soll. R 20 ist eine Luftstraße, ein Einbahn-Korridor für alle in Richtung Westen fliegenden Maschinen, die nördlichste und kürzeste der Nordpazifik-Routen. Bis auf fünfzig Meter näherte sie sich dem sowjetischen Luftraum. Bei der koreanischen Airline war die Kurzstrecke beliebt, da man so Kerosin sparen konnte.

In der Regel flogen die Piloten mit Navigationssystemen, die an einen Autopiloten gekoppelt waren und den in den Computer einprogrammierten Kurs einhielten, ohne daß der Pilot eingreifen mußte. So waren auch die »Waypoints«, die Wegmarken, eingespeichert. Deren Funkfeuer ermöglichten dem Piloten, die berechnete Position mit der tatsächlichen abzugleichen. Doch an diesem Morgen schaltete Kapitän Chun Byung-in zwar den Autopiloten ein, nicht aber die INS-Kontrolle. Die Maschine flog zwar den vorher eingegebenen West-Süd-West-Kurs, der in Luftlinie ziemlich exakt Richtung Seoul führte, sie fand aber nicht die Route 20. Eine gefährliche Abweichung – die KAL 007 überflog dabei militärische Sperrgebiete der USA und der UdSSR.

Die Maschine fliegt durch die Nacht, an den Flügeln und am Rumpf leuchten nur noch die grünen, weißen und roten Navigationslichter. Um 4.04 Uhr wird die 747 von einer Bodenstation an die nächste übergeben. Schon jetzt hat die KAL 007 eine Kursabweichung von über elf Kilometern. Die Controller an den Radarschirmen teilen dies der Mannschaft nicht mit – möglicherweise halten sie die Abweichung für tolerabel. Um 4.27 Uhr verläßt die Maschine die Reichweite der zivilen Radarüberwachung. Jetzt können die Bodenstationen die KAL 007 nicht mehr orten, sie müssen sich auf die Positionsangaben der Maschine verlassen. Tatsächlich meldet der Copilot, daß die Maschine Bethel überflogen hat, was allerdings falsch ist: Nach nur neunundvierzig Minuten Flug ist die Maschine bereits zweiundzwanzig Kilometer von der richtigen Route abgekommen. Bethel ist die erste von zwölf Wegmarken auf der Strecke von Alaska nach Korea. Über Bethel hätte der Jumbo auf Kurs 237 Grad schwenken müssen, doch der falsch eingestellte Autopilot steuert die Maschine weiter auf Kurs 245 Grad. Eine Überprüfung der Position durch Anpeilen der Funkfeuer von Bethel findet nicht statt, obwohl der Kapitän eigentlich dazu verpflichtet wäre: In Höhe jeder Wegmarke muß die vorausberechnete Position mit der tatsächlichen verglichen werden. Aber anscheinend verläßt sich die Crew ausschließlich auf das Navigationssystem, das normalerweise in Verbindung mit dem Autopiloten die Maschine auf Kurs R 20 steuert. Daß das Navigationssystem nicht eingeschaltet ist, fällt immer noch niemandem auf. Die Mannschaft gilt als äußerst routiniert – aber sie ist auch extrem müde. Kapitän Chun Byung-in ist im vergangenen Monat achtzig Stunden geflogen und hat in den letzten fünf Tagen elf Zeitzonen passiert, bei Co-Pilot und Bordingenieur sieht es kaum besser aus.

Um 5.32 Uhr registriert der Controller, daß Flug KAL 007 die nächste Wegmarke erreicht haben muß. Per Funk bittet er den Kapitän um die Bestätigung der Position. Doch die Antwort des Jumbos an die Bodenstation ist kaum zu verstehen, denn das Funkgerät macht wieder Probleme. Drei Minuten später wird dann die Position durchgegeben: »Waypoint NABIE planmäßig erreicht.« Doch wieder wird nur die vorausberechnete Position weitergegeben, ein Abgleich mit der tatsächlichen Situation findet nicht statt. Nach drei Stunden Flugzeit ist der Jumbo bereits dreihundert Kilometer zu weit nach Norden von seinem Kurs abgewichen. Um 7.12 Uhr wird der Jet von der Bodenstation Tokio übernommen: Anchorage, Tokio und die Mannschaft der KAL 007 – alle glauben zwar, daß die Maschine auf Kurs ist. Aber keiner weiß, wo sie sich genau befindet. In Wahrheit ist sie auf dem Weg in den Luftraum der UdSSR, was von einer Radarstation der UdSSR auch sofort registriert wird.

Um 4.51 Uhr Ortszeit taucht auf dem Radarschirm einer Militärbasis auf Kamschatka ein Leuchtpunkt auf: Er bewegt sich mit achthundert Stundenkilometern direkt in die sowjetische Luftraumüberwachung hinein. Aus dem Flug KAL 007 wird »Ziel 6065«. Die zivile Luftüberwachung der UdSSR weiß von keiner Passagiermaschine auf diesem Kurs, also muß der Eindringling andere Ziele haben. Es muß ein Spionageflugzeug sein. Wahrscheinlich ein Aufklärer vom Typ RC-135 – auf Radarschirmen oder auf größere Sichtentfernung einer 747 äußerst ähnlich. Um 5.23 Uhr wird auf Kamschatka Alarm ausgelöst, und vier Abfangjäger steigen in den Himmel. Sie sollen das vermeintliche Spionageflugzeug stoppen, denn auf Kamschatka liegen wichtige Militärflughäfen, Marinebasen und Raketenstellungen. Die Abfangjäger erreichen ihr Ziel nicht. Um 6.06 Uhr müssen sie mit leeren Tanks umdrehen. Um 6.10 Uhr verläßt KAL 007 den sowjetischen Luftraum wieder. Inzwischen ist die Maschine 425 Kilometer vom Kurs abgekommen. Hält sie den falschen Kurs bei, wird die Maschine in kurzer Zeit wieder die Grenzen der UdSSR verletzen. Das wissen weder Kapitän Chun noch die Bodenleitstelle in Tokio, und schon gar nicht die meist schlafenden Passagiere. Aber die russischen Soldaten an den Bildschirmen sehen es: Die Maschine nähert sich jetzt

Sachalin. Dort ist es – andere Zeitzone – inzwischen 5.27 Uhr.

General Anatolij Kornukow, heute Befehlshaber der russischen Luftwaffe, gibt den Einsatzbefehl. Um 5.42 Uhr steigt eine Suchoi Su-15 in den wolkenverhangenen Himmel, an Bord: Major Gennadij Osipowitsch. Der über 2750 km/h schnelle Abfangjäger ist mit einer 23-Millimeter-Kanone und zwei Raketen bestückt. Um 5.45 Uhr taucht Ziel 6065 vor Sachalin auf, und eine Minute später startet eine MiG, ein zweiter Abfangjäger. Der Eindringling macht keine Ausweichmanöver, bleibt auf Kurs.

Um 5.53 Uhr gibt General Kornukow den entscheidenden Befehl: »Ziel 6065 bei Verletzung der Staatsgrenze zerstören.« Um 6.00 Uhr setzt sich Osipowitsch hinter Ziel 6065, um 6.02 Uhr meldet er, daß er das Ziel sehen kann: aus seiner Sicht ein dunkler Fleck von zwei bis drei Zentimetern Länge. Um 6.04 Uhr gibt die Bodenstation klare Anweisungen: »Waffensysteme scharf machen.« Inzwischen hat KAL 007 die Grenze des sowjetischen Luftraums bereits hinter sich gelassen, doch bei General Kornukow kommen Zweifel auf. Mehrmals fragt er an, um was für eine Maschine es sich bei dem Eindringling handelt. Die Maschine soll eindeutig identifiziert werden, und Major Osipowitsch sichert erneut seine Systeme. Um 6.13 Uhr wird Osipowitsch aufgefordert, eine Freund-Gegner-Identifizierung vorzunehmen. (Dabei strahlt ein kleiner Sender an Bord der Suchoi einen Code ab, den nur eigene Maschinen registrieren können. So soll verhindert werden, daß Maschinen der eigenen Luftwaffe abgeschossen werden.) Ziel 6065 kann – auch wenn es wollte – auf dieses Signal nicht reagieren. Wieder kommt der Befehl, die Raketen abschußbereit zu machen.

Auf dem Boden Sachalins herrscht nervöse Spannung: Vielleicht handelt es sich ja doch um eine Zivilmaschine. Noch einmal wird Osipowitsch aufgefordert, das Ziel zu identifizieren. Er meldet, daß Ziel 6065 Navigationslichter angeschaltet hat – was Aufklärungsflugzeuge nie machen. Und die Maschine fliegt strikt auf Kurs – auch das ist vollkommen unüblich für ein Spionageflugzeug. General Kornukov will, daß die Maschine zur Landung gezwungen wird. Doch weder auf das Aufblitzen der Scheinwerfer des Jägers noch auf Warnschüsse mit dem Bordgeschütz reagiert die koreanische Maschine. (Da es ganz normale Projektile ohne Leuchtspuren sind, können sie von der Besatzung der KAL auch nicht gesehen werden.) Dem Jäger läuft die Zeit davon: Die Tanks leeren sich rasch, in etwas über fünf Minuten hat der Eindringling den Luftraum von Sachalin wieder verlassen.

In dieser nervösen Atmosphäre kommt der Befehl vom Boden: »Zerstören!« Um 6.25 Uhr drückt Osipowitsch auf den Abschußknopf: Die beiden Raketen mit zwanzig Kilogramm schweren Sprengladungen, gefüllt mit Stahlsplittern, suchen sich ihren Weg zum Ziel. Eine der beiden Raketen versagt, die andere trifft ins Ziel und zerfetzt die Außenhülle des Rumpfes dicht hinter der Tragfläche.

Die Temperatur an Bord der Maschine stürzt sofort auf minus vierzig Grad, viele Passagiere erfrieren schockartig, einige werden durch den Unterdruck aus ihren Sitzen gerissen und nach draußen geschleudert. Die Besatzung der KAL 007 setzt einen letzten Notruf an die Bodenstation in Tokio ab. Um 6.27 Uhr enden die Aufzeichnungen des Flugschreibers. Die Maschine stürzt ins Meer.

Um 6.35 Uhr ist Ziel 6065 auf den Radarschirmen der Sowjets

nicht mehr zu sehen. »Ziel zerstört!« meldet Major Osipowitsch. 269 Menschen sterben.

Über diese Chronologie besteht heute weitgehende Übereinstimmung. Doch der Eindruck, daß damit alles geklärt ist, täuscht. Alle Einzelheiten des Abschusses sind auch heute noch nicht vollständig bekannt, denn schon am nächsten Abend begann eine wahre Propagandaschlacht. Kaum einen halben Tag nach der Katastrophe präsentierte der amerikanische Geheimdienst NSA erstaunten Vertretern des amerikanischen Außen- und Verteidigungsministeriums einen detaillierten Bericht: Nicht nur der Funkverkehr zwischen Abfangjägern und Bodenstationen, sondern auch alle Telefongespräche der beteiligten Sowjetmilitärs wurden abgehört.

Die Amerikaner handelten schnell: Um 8.00 Uhr des folgenden Tages wurde der Presse verkündet, daß die Sowjets ein ziviles Flugzeug abgeschossen hatten. Erst sechs Tage später gab der ranghöchste Sowjetmilitär, Nikolaj Ogarkow, Auskunft über die sowjetische Position: »Der KAL-007-Flug wurde abgeschossen, weil es ein Spionageflug gewesen war.« Die Maschine sei ohne Navigationslichter geflogen und hätte Ausweichmanöver durchgeführt.

Dumme Lügen, die der UdSSR zum Verhängnis wurden. Am 6. September kam es zur Konfrontation im Weltsicherheitsrat: Die amerikanische Regierung legte ein aus Aufzeichnungen der russischen Funksprüche hergestelltes Band vor: Es vermittelte den Eindruck, daß die Sowjets bewußt eine zivile Maschine abgeschossen haben. Die UdSSR war eindeutig als Reich des Bösen enttarnt – für Präsident Reagan ein ungeheurer Erfolg. Sein knapp zwei Milliarden teures Rüstungsprogramm passierte problemlos den Kongreß. Doch war die UdSSR wirklich das Reich des Bösen?

1996 gab der Leiter der amerikanischen Informationsbehörde zu, daß der Jumbo-Abschuß von seiten der US-Regierung falsch dargestellt worden war. Tatsächlich hätten die Amerikaner gewußt, daß der sowjetische Pilot die Maschine für ein militärisches Aufklärungsflugzeug gehalten hatte. Entgegen der damals verbreiteten Darstellung hatte Osipowitsch die Maschine mehrfach gewarnt. Die Amerikaner hatten das Material manipuliert, um die Sowjetunion als gefährliche und unberechenbare Macht erscheinen zu lassen, gegen die man aufrüsten muß.

Das ist noch nicht alles: Bis heute hat die US-Regierung (im Gegensatz zu Rußland und Japan) nicht alle Informationen offengelegt: Zwar haben die US-Behörden alle Aufzeichnungen der sowjetischen Militärs veröffentlicht, nicht aber die eigenen. Verwunderlich ist vor allem eine Tatsache: Bevor die KAL-Maschine in russisches Sperrgebiet geflogen ist, hielt sie sich im streng geheimen amerikanischen Luftraum auf. Doch niemand der US-Air-Force hatte versucht, mit dem Jumbo Kontakt aufzunehmen. Warum nicht? Eine mögliche Erklärung ist, daß die US-Überwachungsstellen nur auf die andere Seite geachtet haben. Die KAL 007 kam ja aus amerikanischem Gebiet, konnte also keine Gefahr darstellen. Vorausgesetzt, die amerikanische Luftüberwachung hatte nicht einfach geschlafen – wenn der Jumbo bemerkt, aber nicht gewarnt worden war, wäre dies ein Verstoß gegen amerikanische Gesetze gewesen.

Was auch merkwürdig ist: Die Sowjets betonten immer wieder, daß in dieser Nacht noch ein weiteres Flugzeug in der

Luft war – ein Aufklärungsflugzeug vom Typ RC-135, das sogar die Route der KAL 007 kreuzte. Diese RC-135 war ein mobiler Horchposten mit weitreichenden Radaranlagen, Lauschgeräten und Computern. Kein russisches Flugzeug und keine Rakete würden diesen elektronischen Augen entgehen, und natürlich auch kein großes Verkehrsflugzeug wie eine Boeing 747. Doch nach offiziellen US-Verlautbarungen gab es weder Mitschnitte des Funkverkehrs dieser Maschine noch Radaraufzeichnungen. Natürlich wurde so ein Spionageflug nicht angekündigt, und in der Regel setzten die Männer an Bord der RC-135 auch keine Funksprüche ab. Ihr Job war es, zu lauschen und nicht zu reden. Mit Sicherheit mußte dieses hochmoderne Aufklärungsflugzeug den Jumbo registriert haben. Aber auch dessen Besatzung hatte die Koreaner nicht gewarnt: War das unterlassene Hilfeleistung oder mehr?

Es bleibt eine unheimliche, wenngleich nicht auszuschließende Möglichkeit: Die US-Militärs hatten durchaus erkannt, daß der KAL-Jumbo vom Kurs abgekommen war. Trotzdem ließen sie den Jumbo in den sowjetischen Luftraum einfliegen, denn so konnten sie testen, auf welche Weise und wie schnell der Feind reagiert.
Tatsächlich gibt es auch einen Beweis für diese Verschwörungstheorie. Am 1. September, um 5.34 Uhr, der Jumbo ist schon über hundert Kilometer von seiner Route abgekommen und befindet sich in der zentralen US-Luftverteidigungszone, fängt der Controller der Bodenstation in Anchorage, die zu dieser Zeit noch den Flug der KAL 007 überwacht, einen Funkspruch unbekannter Herkunft auf. Auf diesem Band, das kaum zu verstehen ist, wollen Experten die Wörter »somebody should warn them« (»Jemand sollte sie warnen«) heraus-

gehört haben. Wenn dem so ist, wäre der Abschuß der koreanischen Maschine von den US-Militärs billigend in Kauf genommen worden.

Für Major Osipowitsch ist die Situation auch heute noch klar: »Es war ein Spionageflugzeug. Ich glaube auch heute noch, daß keine Passagiere an Bord waren.« Und er geht noch weiter: »Wäre die Maschine nicht ins Meer, sondern auf Sachalin gestürzt, hätte man dafür die Beweise gefunden.« Das ist die Wahrheit von Major Osipowitsch, aber sicher nicht *die* Wahrheit.

Olof Palme

»Wer hat Olof Palme erschossen? Seit genau neun Jahren warten die Schweden darauf, daß der Mörder ihres Minister-präsidenten überführt wird. Viele Indizien sprechen für eine überraschende Theorie: Palme wurde Opfer einer rechtsradi-kalen Verschwörung.«

Das stand nicht in einer Boulevardzeitung und wurde auch nicht über obskure Internet-Sites verbreitet. Sondern es stand an prominentester Stelle in der *Zeit* vom 24. Februar 1995, und im Zusammenhang mit dieser Wochenzeitung fällt es schwer, sich die Adjektive »renommiert« und »altehrwürdig« zu verkneifen.

Andere seriöse Presseorgane gehen ebenfalls fast fahrlässig mit Verschwörungstheorien bezüglich des Palme-Mordes um. »Schwedens Ministerpräsident Olof Palme wurde 1986 wahr-scheinlich doch von südafrikanischen Polizeikommandos er-mordet«, schrieb die *taz* 1996 und protegierte damit eine zweite Verschwörungstheorie.

Ist es also tatsächlich eine Konspiration, die den schwedi-schen »Staatsminister« dahingerafft hat? Die Pannen der Ermittler lassen fast nur den Schluß zu, daß die Polizei selbst dümmer war, als die Polizei erlaubt – ein guter Nährboden für das eine oder andere Geraune. Zugegeben: in keinem anderen Fall ist die Indizienkette lückenloser als im Fall Palme.

Am Abend des 28. Februar 1986 verließ Olof Palme mit seiner Frau Lisbeth um 20.35 Uhr seine Wohnung, fuhr drei Stationen mit der U-Bahn, stellte sich brav in die Schlange vor der Kasse des Kinos »Grand«, um Karten für den Film »Gebrüder Mozart« zu kaufen – all das natürlich ohne Leibwächter. Allein dies dürfte klarmachen, warum das Gewaltverbrechen Schweden von Grund auf erschüttert hat.
Um 23.04 Uhr endete der Film, um 23.17 Uhr macht sich das Paar zu Fuß auf den Heimweg. Vor dem Farbengeschäft Dekorima wartete seit zwei bis drei Minuten ein Mann. Die Palmes gingen an ihm vorbei, er trat von hinten an Olof Palme heran und schoß aus einer großkalibrigen Waffe zweimal in den Rücken des Ministerpräsidenten, der sofort tot war.
Nun folgte das größtmögliche Fahndungsdesaster, das je nach einem solchen Mord geschehen ist. Zeugen wählten den Notruf 90000, doch am anderen Ende der Leitung nahm niemand ab. Als um 23.26 Uhr der Mord über die Direktleitung der Taxizentrale durchgegeben wurde, schickte die Polizei wieder keinen Streifenwagen. Minuten später kam die nächste Meldung, und wieder wurde kein Streifenwagen geschickt.
Erst drei Stunden später, um 2.05 Uhr, wurde Großalarm ausgelöst und nach einem Mörderduo aus der kroatischen Ustascha gefahndet, obwohl alle Zeugen von einem skandinavisch aussehenden Mann sprachen. Arne Irvell, Chef der Mordkommission, erfuhr erst beim Frühstück aus dem Radio, daß Palme tot war. Der Tatort wurde zu spät abgesperrt, das Aufklärungsflugzeug, das die Innenstadt fotografieren sollte,

hatte nicht genug Filme dabei. Der auswärts weilende König konnte nicht benachrichtigt werden, weil man die Telefonnummer seiner Ferienresidenz verlegt hatte. Der Generalstab der Streitkräfte erfuhr von dem Mord erst durch einen Anruf aus Washington. Selbst das schwedische Radio zeigte sich unerklärlich verschnarcht und meldete die Tat eine Stunde später als die ausländischen Sender.

Vorschriftswidrig leitete Hans Holmér die Ermittlungen, der Stockholmer Bezirkspolizeichef. Er war rettungslos überfordert oder wollte den Täter gar nicht erst finden. Er setzte falsche Täterbeschreibungen in Umlauf, er suchte verbissen weiterhin die Mörder in kroatischen und auch kurdischen Kreisen, und er verhaftete einen Schweden, der ein eisenhartes Alibi hatte – welches Holmér aber offenbar bewußt nicht überprüfte. Die Rechtsverletzungen bei den Ermittlungen machten Holmér schließlich, nach viel zu langer Zeit, untragbar.

Bis heute wurde niemand für den Mord verurteilt; und die vielversprechendste Spur führt ins Polizeipräsidium selbst. Folgender Tathergang wurde in jahrelanger Recherche für den 28. Februar 1986 zusammengetragen: Um 20.35 Uhr sieht eine Zeugin einen Mann in der U-Bahn-Station, der in ein Walkie-talkie spricht. Vier Minuten später kauft Palme dort eine Fahrkarte. Hundert Meter vom U-Bahnhof, in einem Hauseingang, sieht die Zeugin einen weiteren Mann mit Walkie-talkie. Zwanzig Meter vor ihm gehen die Palmes in Richtung U-Bahn. Ein Zeuge beobachtet, wie die Palmes von einem Mann mit dunklem Teint verfolgt werden. Eine weitere Zeugin sieht, wie dieser Mann in den gleichen Waggon wie die Palmes einsteigt. Der Zugführer der U-Bahn, der bei jeder Station sein Führerhäuschen verläßt, sieht, wie zwei Männer den Palmes in den Waggon folgen, und beide Männer steigen drei Stationen später auch mit den Palmes aus und folgen ihnen.

An der Ecke des Kinos »Grand« steht ein Mann mit Walkie-talkie. Weitere zwei Männer werden von Zeugen vor dem Kino mit Walkie-talkies beobachtet. Zwei weitere Männer sprechen zweihundert Meter vom Kino entfernt vor einem Auto mit laufendem Motor in Walkie-talkies. Dreihundert Meter westlich vom Kino parkt die Polizeistreife 1520. Nur ein Mann sitzt im Auto, statt wie üblich zwei. Der Mann spricht in ein Walkie-talkie.

Um 23.12 Uhr rasen mehrere Polizeifahrzeuge hintereinander in Richtung Kino. Obwohl eine solche Häufung in Schweden selten vorkommt, weiß die Einsatzleitung nichts davon. Etwa vierhundert Meter südöstlich des Kinos stehen zwei Männer vor einem leeren Schaufenster – mit Walkie-talkies. Wenige Meter vom Tatort entfernt sieht ein Taxifahrer einen Mann mit Walkie-talkie stehen.

Um 23.17 Uhr bemerkt ein Passant fünfzig Meter von der Stelle entfernt, wo Olof Palme in wenigen Minuten erschossen wird, einen Mann mit Walkie-talkie. Als der sich umdreht, schaut er dem Passanten direkt ins Gesicht. Der Passant ist sich später sicher, wer es war: Polizist Eins.

Der Mörder läuft um 23.23 Uhr an einer Zeugin vorbei, der auffällt, daß er etwas in einer Art Handtasche verstauen will, aber Probleme mit dem Reißverschluß hat. Ein weiterer Zeuge verfolgt den Mörder und verliert hundertfünfzig Meter östlich des Tatortes dessen Spur. Nur die Polizeistreife 1520 fährt langsam und ohne Blaulicht vorbei.

Um 23.24 Uhr beobachten drei Zeugen zwei Männer mit

Walkie-talkies. In der gleichen Minute hört ein Fotograf über einen Spezialempfänger folgendes Walkie-talkie-Gespräch: »Hallo, da oben, wie sieht's aus?« – »Gut, aber es ist verdammt kalt.« – (freudig) »Der Staatsminister ist erschossen.« Das Gespräch fand statt fünf Minuten, bevor der Mord über Polizeifunk bekanntgegeben wurde.

Vier Minuten nach den Schüssen springen zwei abgehetzte Männer in den 43er Bus fünfhundert Meter östlich des Tatortes. Der eine steigt wieder aus, als er im Innern die Busnummer entdeckt. Er trägt eine Plastiktasche mit Reißverschluß, wie sie die Zeugin vorher gesehen hat. In solchen Taschen tragen die Zivilpolizisten im Dienst ihre Schußwaffen.

Sowohl der Busfahrer als auch ein Fahrgast können den Mann, der wieder ausgestiegen ist, später identifizieren: Es ist Polizist Eins. Der Mann, der in den Bus einstieg, war ein anderer Polizist, Nummer Zwei. Polizist Eins und Polizist Zwei gehören zur berüchtigten »Baseball-Liga«, einer rechtsradikal durchsetzten Polizeieinheit, die Verdächtige auch mal zu Tode prügelt. Innerhalb von zwei Jahren wurde das Terrorteam siebzigmal wegen seiner brutalen Vorgehensweise angezeigt, doch nicht einmal verurteilt. Die Mitglieder der »Baseball-Liga« hatten einen Todfeind, und der hieß Olof Palme. Erfinder der »Baseball-Liga« übrigens: Hans Holmér. Die meisten der Polizisten im Norrmalm-Bezirk, in dem Palme erschossen wurde, galten als rechtsradikal. Der Koordinator des Innendienstes hat in der Mordnacht an seinem Mantel eine kleine schwedische Flagge mit Hakenkreuz eingenäht. Eine weitere Norrmalm-Polizistin fuhr in der Mordnacht aushilfsweise einen Krankenwagen. Sie wurde zum Tatort gerufen, antwortete aber nicht. Ein zufällig vorbeikommender Krankenwagen nahm Palme auf.

Fazit der Nacht: Zum Zeitpunkt des Mordes befanden sich dreißig Polizisten im Umkreis von vierhundert Metern um den Tatort. Nur zwölf konnten ihre Anwesenheit einigermaßen plausibel erklären.

Um zu beweisen, daß der Alarm schon früher ausgelöst wurde, und damit das verdächtige Verhalten einiger Polizisten zu erklären (laut eines Zeugen wußte die Besatzung des ominösen Streifenwagens 1520 schon von dem Mord, Minuten bevor Funkalarm ausgelöst wurde), legte die Fahndungsleitung gefälschte Tonbänder und Einsatzzeiten vor. Wie sich später herausstellte, ignorierte die Polizei sogar dreimal die Nachricht, Olof Palme sei ermordet worden. Konsequenzen: keine.

Eine weitere entscheidende Beobachtung kam erst 1992 ans Licht: Zwei finnische Frauen gingen zwei Minuten vor dem Mord am Tatort vorbei. Dort stand ein Mann, den eine der Finninnen aus dem Fitneßstudio kannte. Auch er Polizist. Sie sprach ihn an und fragte, wie spät es ist. Der Mann guckte sie nur verstört an. Dann meldete sich aus seinem Walkie-talkie eine Stimme auf finnisch: »Jetzt kommen sie!« – Daraufhin der Finne: »Ich bin erkannt, was soll ich machen?« Die Antwort: »Scheiß drauf und mach, was du sollst!« Die Frauen kehrten verstört und verängstigt um, zumal sie gesehen hatten, daß ihr Bekannter eine Pistole trug. Als sie hundert Meter vom Tatort entfernt waren, hörten sie zwei Schüsse. Sie drehten sich um, konnten aber nichts erkennen. Weitere Zeugenaussagen ergaben, daß der Mann, der dort stand, der Schütze gewesen sein mußte. Doch die schwedischen Ermittler weigerten sich hartnäckig, die sogenannte Polizeispur zu verfolgen.

Es fehlt das überzeugende Motiv. Warum hätten die Rechten Palme aus dem Weg räumen sollen? Welche Gefahr drohte Schweden? Ging ihnen das Steuersystem auf die Nerven? War ihnen Palme zu arrogant, war er ein nerviger Gutmensch? Allenfalls ist zu vermuten, daß Verschwörer selten rational denken.

Ganz recht dürfte den Fahndern da eine andere, fast ebenso plausible Theorie sein: Der Apartheidstaat Südafrika soll seine Finger im Spiel gehabt haben. Zwei ehemalige Kommandeure einer Polizeieinheit haben unabhängig voneinander ausgesagt, in den Mord verwickelt gewesen zu sein. Das Motiv: Olof Palme war der größte Feind des Apartheidstaates. Er war es, der sogar Gewaltanwendung vorschlug, um die Schwarzen zu befreien. Er sorgte immer wieder für die lückenlose Einhaltung des Embargos. Eine Woche vor dem Mord hatte Palme eine weitere Verschärfung der Sanktionen gegen Südafrika angekündigt.

Insgesamt achtzig bis neunzig Agenten Pretorias sollen in das Attentat verwickelt gewesen sein, so Exkommandant Dirk Coetzee; sie seien nach der Tat nach Griechenland geflüchtet und von dort einzeln nach Südafrika eingereist. Der Attentäter selbst, ein Söldner namens Anthony White, lebt heute in Mosambik. In der Tat ist die Ähnlichkeit mit dem Phantombild, das Lisbeth Palme kurz nach dem Mord anfertigen ließ, mehr als erstaunlich.

Theorien über eine Verwicklung Südafrikas galten denn auch schon kurz nach dem Mord als heiße Ware, allerdings mangelte es an stichhaltigen Beweisen. Nun aber stellte sich heraus, daß Craig Williamson, ein hundertfünfzig Kilo schwerer südafrikanischer Superspion, ohne erkennbaren Grund in der Mordnacht in Stockholm weilte; er wohnte in einem

Gästehaus der Polizei, gerade zweihundert Meter vom Tatort entfernt. Das Gästebuch des früheren Polizeireviers war selbstverständlich unauffindbar.

Kurz nach dem Mord hatte der britische Geheimdienst MI6 auch einen Bericht an die Stockholmer Regierung geschrieben, in dem es hieß, südafrikanische Agenten und schwedische Polizisten seien für den Mord verantwortlich, die Leitung hätte ein gewisser Williamson gehabt.

Interessant ist die nachweisliche Verbindung von Südafrika zu schwedischen Rechtsextremisten, die aus dem Apartheidstaat jahrelang finanzielle Hilfen bezogen. Und der britische Geheimdienst soll die schwedische Polizei einige Tage vor dem Mord gewarnt haben, südafrikanische Agenten seien auf dem Weg nach Schweden und planten ein Attentat. Einige Agenten reisten demnach offenbar mit einem VW-Bus von Dänemark nach Schweden ein.

Am wahrscheinlichsten ist jedoch bei Palme wie bei Kennedy der Mord die Tat eines »ensam galning«, eines einsamen Irren. Christer Petterson, Frührentner, drogen- und alkoholkrank, ist nach wie vor der Hauptverdächtige im Palme-Mord. Petterson hatte 1970 einen Mann mit einem Bajonett erstochen – an beinahe der gleichen Stelle, an der sechzehn Jahre später Olof Palme starb. Petterson war von mehreren Zeugen in der Mordnacht am Tatort gesehen worden. Palmes Sohn erkannte ihn als den Mann, der Palme nach dem Besuch des Grand-Kinos verfolgt hatte.

Lisbeth Palme, unmittelbarste Zeugin des Mordes, identifizierte ihn eindeutig. Petterson verbrannte nach dem Mord auf dem Balkon seiner Wohnung eine Jacke und eine Hose. Er leugnet bis heute.

Am 27. Juli 1989 wurde Christer Petterson in einem Mehrheitsvotum von sechs Laien- gegen zwei Berufsrichter schuldig gesprochen. Eine zweite Instanz hob das Urteil jedoch mangels Beweisen auf. Seitdem ist Petterson ein freier Mann. »Es gibt nur zwei Möglichkeiten«, so ein ehemaliges Mitglied der Palme-Sonderkommission, »entweder es war Christer Petterson, oder es war sein Doppelgänger.« Damit allerdings wird Schweden einer Hoffnung im Mordfall Palme beraubt: Ein so bedeutender Mann wie Palme, so der *Spiegel*, habe eben auch Anspruch auf einen bedeutenden Mörder.

Uwe Barschel

Ohne Zweifel gilt Uwe Barschel für viele als einer der skrupel-
losesten Politiker der deutschen Nachkriegsgeschichte: ein
Karrierist und Rechtsausleger, der für die Einführung von
CS-Reizgas plädierte, Asylbewerber am liebsten hochkant
rausschmeißen wollte und der SPD im Wahlkampf vorwarf,
sie würde für Sex mit Kindern und für Abtreibung bis zur
Geburt sein. Da fällt es nun schwer, zu glauben, daß Uwe
Barschel in dem Kieler Skandal »Waterkantgate« möglicherweise tatsächlich mehr Opfer als Täter war.

Eine kurze Chronologie der Ereignisse: Im März 1986 mußte
die regierende CDU unter Ministerpräsident Barschel bei den
Kommunalwahlen in Schleswig-Holstein massive Verluste
einstecken: Sie fiel von 50,1 auf 44,2 Prozent, während die
SPD von 34,6 auf 40,3 Prozent aufholte. Bei den Landtagswahlen war somit die absolute Mehrheit gefährdet. Uwe
Barschel, einer der erfolgreichsten Aufsteiger der Christdemokraten (mit 25 Jahren schon stellvertretender Landesvor-
sitzender, mit 35 Jahren Finanz-, mit 36 Jahren Innenminister), wollte die Macht mit allen Mitteln verteidigen. Im
August 1986 spricht Barschel mit Springer-Chef Peter Tamm,
weil er einen Journalisten für die Pressearbeit braucht. Zufällig

fällt die Wahl auf Reiner Pfeiffer, der im Dezember 1986 als Barschels »Medienreferent« in der Kieler Staatskanzlei seinen Dienst antritt. Am 14. Januar 1987 kontaktiert Pfeiffer eine Detektei, die Björn Engholm bespitzeln soll. Am 22. Januar denunziert Pfeiffer Engholm in einem anonymen Brief an das Finanzamt Lübeck als Steuerhinterzieher. Am 31. Mai überlebt Barschel schwerverletzt einen Flugzeugabsturz. Pilot, Kopilotin und Begleiter kommen ums Leben. Am 7. September 1987 erscheint im *Spiegel* der erste Bericht über die Affäre. Am 8. September soll Pfeiffer angeblich im Auftrag Barschels eine Wanze organisieren. Einen Tag später offenbart sich Pfeiffer dem *Spiegel*. Am 12. September, einem Samstag, zirkulieren Pressemeldungen über den zwei Tage darauf erscheinenden *Spiegel* mit dem Titel »Barschels schmutzige Tricks«. Am 13. September sind die Landtagswahlen; Björn Engholm behauptet, erstmals von den Vorwürfen gegen Barschel zu hören. Am 18. September gibt Barschel auf einer Pressekonferenz sein Ehrenwort, daß die gegen ihn erhobenen Vorwürfe haltlos seien. Eine Woche später aber kündigt er seinen Rücktritt zum 2. Oktober an. Am gleichen Tag setzt der Kieler Landtag einen Untersuchungsausschuß ein. Am 9. Oktober fordert die CDU-Fraktion Barschel (der sich im Urlaub auf Gran Canaria befindet) auf, auch sein Landtagsmandat niederzulegen. Am 11. Oktober stirbt Barschel in Genf.

Soweit der Chronologie erster Teil. Der Tod in der Badewanne des Hotels »Beau-Rivage« galt zunächst als Selbstmord und damit wie ein Schuldeingeständnis. Klarer wurde es noch, als Mitarbeiter Barschels im November ihre falschen eidesstattlichen Versicherungen zurückzogen, die sie unter seinem Druck getätigt hatten. Im Februar 1988 beendete der Untersuchungsausschuß seine Arbeit, Barschel galt als Urheber der üblen Kampagne gegen Engholm.

Die Neuwahlen am 8. Mai 1988 gewann die SPD mit absoluter Mehrheit; Björn Engholm wurde Ministerpräsident. Der Schurke war weg, der Gute triumphierte. Fünf beschauliche Jahre vergingen; unterdessen wurde Engholm schon als kommender Bundeskanzler gehandelt. Ab und zu wurde angezweifelt, daß Uwe Barschel wirklich Selbstmord begangen hatte, doch diese absurde These wurde nur von einzelnen Spinnern, Paranoikern und, o ja, dem einen oder anderen Toxikologen verbreitet.

Dann, im Januar 1993, informierte Pfeiffers Exgeliebte Elfi Jabs den *Stern*, daß Pfeiffer von der SPD Geld bekommen hatte. Was für eine Vorlage für diejenigen, die schon immer die Sozis und die linke Kampfpresse für dringend verdächtig hielten, Barschel gekillt zu haben. Die Enthüllung schien ja auch sensationell: War Pfeiffer etwa ein Maulwurf der SPD?

Nein, so Günther Jansen, zum Zeitpunkt von Barschels Machenschaften SPD-Landesvorsitzender und später unter Engholm Sozialminister. Jansen habe Pfeiffer lediglich aus seinem Privatvermögen aus Mitleid 1988 und 1989 je knapp über zwanzigtausend Mark durch SPD-Sprecher Klaus Nilius überbringen lassen. Das Geld hatten er und seine Frau zu Hause in einer Schublade angespart. So wurde aus »Waterkantgate« nun die »Schubladenaffäre«. Der Landtag setzte einen zweiten Untersuchungsausschuß ein. Gleichzeitig wurde der Selbstmord Barschels von immer namhafteren Medizinern angezweifelt – was dazu führte, daß sich der zweite Untersuchungsausschuß noch einmal mit der ganzen Affäre beschäftigte und zu völlig anderen Ergebnissen kam als der erste

Ausschuß, der unter dem Eindruck von Barschels vorgeblichem Selbstmord, der als Schuldeingeständnis wirken mußte, wesentlich hastiger agierte.

Doch zunächst zum Tode Barschels. Zwei Münchner Gerichtsmediziner, Wolfgang Eisenmenger und Ludwig von Meyer, untersuchten 1995 erneut die aufbewahrten Asservate vom Körper Barschels. Zunächst lösten sie das Rätsel, wer die Flasche Beaujolais und das Fläschchen Jack-Daniels-Whiskey aus der Minibar getrunken hatte, denn in Barschels Blut war damals kein Alkohol festgestellt worden. In seinem Urin aber fanden die Münchner 0,018 Gramm Alkohol. Also hatte Barschel die Gifte mit dem Rotwein und dem Whiskey geschluckt.

Weiterhin fanden die Mediziner neben den vier bereits bekannten Stoffen (Cyclobarbital, ein Schlafmittel; Pyrithyldion und Perazin, zwei Beruhigungsmittel; Diphenhydramin, ein Antibrechmittel) auch noch den Wirkstoff Methyprylon, ein starkes Schlafmittel, das auch in den berühmten »K.o.-Tropfen« Verwendung findet. Letzteres mußte schon Stunden vor dem tödlichen Cyclobarbital in Barschels Körper gelangt sein – ein Indiz gegen den Selbstmord, denn wenn er die K.o.-Tropfen genommen hätte, hätte er unmöglich danach noch andere Substanzen schlucken können. Es sei denn, Barschel hatte die Mittel in geringerer Dosis schon Tage vorher genommen. Dagegen aber spricht, daß das Methyprylon unter dem Handelsnamen »Noludar« weder auf Gran Canaria noch in Genf erhältlich war. In Deutschland hatte es sich Barschel wohl auch nicht besorgt, denn als er auf Gran Canaria erfuhr, daß ihn nun auch seine Parteifreunde fallenließen, bat er in der Ferienanlage um ein starkes Beruhigungsmittel, und das hätte er vermutlich nicht gebraucht, wenn er Noludar schon dabei gehabt hätte. Noludar wurde 1988, weil es als suchtgefährdend galt, vom Markt genommen.

Eine mögliche Schlußfolgerung: Die K.o.-Tropfen wurden benutzt, um Barschel im Zimmer 317 des Hotels Beau-Rivage willenlos zu machen; anschließend wurden ihm die Gifte verabreicht. Der renommierte Schweizer Toxikologe Hans Brandenberger vertritt ebenfalls die These, daß sich Barschel unmöglich selbst die tödliche Dosis Cyclobarbital verabreicht haben konnte, denn der Politiker habe zu diesem Zeitpunkt bereits im Koma gelegen. Und auch der Pharmakologe Reinhard Horowski kam in einem Gutachten für den *Stern* zu dem Schluß: »Aus der kombinierten Analyse der gefundenen Medikamente und ihrer bekannten Wirkungen ergibt sich ein überaus starker Hinweis auf die Anwesenheit einer weiteren Person vor, während oder bald nach dem Tode.«

Also Mord, so der vorschnelle Schluß. Die Lübecker Sonderkommission, die im Fall Barschel ermittelte, hielt es für nicht ausgeschlossen, daß Barschels Tod im Zusammenhang mit dem internationalen Waffenhandel steht. Da trifft es sich gut, daß gerüchtehalber der bekannteste Waffenhändler der Welt, Adnan Kashoggi, am 11. Oktober 1987 ebenfalls in Genf weilte.

Viel stringenter scheint die Sterbehilfe-Theorie. Es gibt Hinweise darauf, daß sich am Abend des 10. Oktober 1987 Aktivisten der Deutschen Gesellschaft für Humanes Sterben (DGHS) im Beau-Rivage aufhielten. Die Geschichte eines aufgeregten, nervösen Sterbeengels würde immerhin das Wirrwarr im Hotelzimmer erklären.

Zurück zum Kieler Untersuchungsausschuß, dem zweiten. Die Ausschußmehrheit, auch fünf der sieben SPD-Mitglieder, kam Ende 1995 zu folgenden Schlüssen. Erstens: Bis heute spricht nichts dafür, daß Barschel tatsächlich von den schmutzigen Tricks seines Medienreferenten Pfeiffer wußte. Noch mal: Bis heute spricht nichts dafür, daß Barschel tatsächlich von den schmutzigen Tricks seines Medienreferenten Pfeiffer wußte. Barschel machte lediglich den Fehler, sich mit unlauteren Mitteln gegen die Vorwürfe zu verteidigen. Zweitens: Die Behauptung, Jansen habe aus Mitleid privates Geld für Pfeiffer gesammelt, ist widerlegt.

Es sieht also tatsächlich nach einem Komplott gegen Barschel aus. Doch von wem? Und warum? Von bulgarischen Killern wurde gemurmelt und vom KGB, doch Indizien gibt es keine. Nach Recherchen des *Stern* könnte die Stasi munter mitgemischt haben. »Das Motto unserer Arbeit hieß seit Adenauers Zeiten: Der CDU schaden, der SPD nützen. Sie ist das kleinere Übel«, so ein ehemaliger Stasi-Generalmajor. Oft genug griff die Stasi aktiv in die bundesrepublikanische Politik ein. (So kaufte sie 1972 für fünfzigtausend Mark die Stimme des CDU-Bundestagsabgeordneten Julius Steiner, damit das Mißtrauensvotum gegen Willy Brandt scheiterte.)
In Engholm schien die Stasi große Hoffnungen zu setzen und wollte ihn offenbar tatkräftig unterstützen. Der Kieler SPD-Sprecher Bernd Michels wurde vom Generalbundesanwalt beschuldigt, inoffizieller Stasi-Mitarbeiter zu sein, und Klaus Nilius, eine Schlüsselfigur in der Affäre und Geldbote für Reiner Pfeiffer, hatte vermutlich ebenfalls Kontakte.
»Wir wußten, daß Pfeiffer nach Kiel kommt«, protzte ein Stasi-General. Offenbar erhielt er Unterstützung vom Osten.

Pfeiffer erzählte später, er sei der Intimus Barschels gewesen, doch der Untersuchungsausschuß II stellte fest, daß Pfeiffer nie richtig an den Ministerpräsidenten herankam und vorwiegend Routinearbeiten erledigen mußte. Daß er trotzdem vertrauliche Informationen erhielt, könnte er der Stasi zu verdanken haben. »Ohne geheimdienstliche Hilfe hätte Pfeiffer das nicht durchziehen können«, so der gleiche Stasi-General zum *Stern*. Ein weiterer Mitarbeiter erinnert sich: »Barschel wurde Opfer einer gesteuerten Aktion.«

Fraglich ist nur, ob ausgerechnet die Spezialisten in Lüge, Vertuschung und Desinformation zu Kronzeugen einer Verschwörungstheorie erhoben werden sollten. Ungereimtheiten würde die Theorie, wie jede Verschwörungstheorie, jedoch gut erklären können. So stellten sich die Detektive, die Engholms »ausschweifendes Sexualleben« beschatten sollten, derart stümperhaft an, daß sie offenbar entdeckt werden wollten. Sie observierten Engholm lediglich im Plenarsaal des Landtages, auf der Straße vor seinem Haus und während eines offiziellen Besuches beim Bürgermeister – sexuelle Ausschweifungen waren hier kaum zu erwarten. Die Polizei registrierte die Personalien der tolpatschigen Ermittler; vielleicht sollten die Detektive ja auch auffliegen, damit man alles Barschel in die Schuhe schieben könnte?

Die anonyme Steueranzeige gegen Engholm war ebenfalls sinnlos, denn alle Amtsbezüge wurden den Behörden automatisch gemeldet. Das hätte Barschel, der Pfeiffer die Anzeige angeblich diktierte, als ehemaliger Finanzminister wissen müssen. Auch hier schien es, als wollte Pfeiffer eine deutliche Spur legen, um Barschel hereinzulegen.

Auch die Wanze, die Barschel angeblich in sein Telefon hat einbauen lassen, um Engholm zu kompromittieren, scheint eine Idee Pfeiffers gewesen zu sein: »Pfeiffer hat Barschel angerufen und wollte ihm den Einbau einer Wanze einreden«, so ein Abhörer der Staatssicherheit. Und dies, nachdem im *Spiegel* bereits ein Artikel mit Andeutungen auf einen schmutzigen Wahlkampf erschienen war? War Barschel so dumm?

Die bizarrste Theorie (und dem zweiten Untersuchungsausschuß immerhin eine »Arbeitshypothese« wert) kam von einem Redakteur der *Frankfurter Allgemeinen Zeitung*. Er witterte hinter der Barschel-Affäre eine gigantische, ja grandiose Hochstapelei zweier Freunde: Reiner Pfeiffer und Gert Postel, dem effektivsten Hochstapler unserer Tage, der es trotz Hauptschulabschluß zum doppelten Doktor brachte und als »Dr. med. Dr. phil. Clemens Bartholdy« über ein halbes Jahr in Flensburg praktizierte. Postel soll in bester Hochstapler-Manier als »Dr. Schüring« aus dem Bundeskanzleramt bei den Bossen des Springer Verlags angerufen haben, um Pfeiffer als fähigen Mann anzupreisen. Später habe er Pfeiffer zu Barschel weiterempfohlen, wieder unter einem falschen Namen, wieder angeblich als Kohl-Vertrauter.

Diese Theorie gefiel beispielsweise der CDU so gut, daß sie Kopien des *FAZ*-Artikels verteilte. Nur ist diese romanhafte Deutung des Barschel-Skandals durch nichts zu belegen als durch die Aussagen des notorischen Lügners Gert Postel. Als unwahrscheinlich gilt außerdem, daß der Vorstandsvorsitzende des Springer Verlages und sein Stellvertreter, damals Peter Tamm und Günter Prinz, über Mini-Pöstchen für Journalisten befinden. Das dürfte nicht ganz ihre Entscheidungsebene sein.

Wie auch immer: Als Politiker wäre Barschel auf jeden Fall untragbar geworden, denn weiß war seine Weste wahrlich nicht. Erstens trug er auf jeden Fall die politische Verantwortung für die Tätigkeiten Reiner Pfeiffers, und zweitens hatte er nachweislich auf der »Ehrenwort«-Pressekonferenz gelogen und andere zu falschen, eidesstattlichen Versicherungen angestiftet. Das machte ihn primär zum Täter und erst sekundär zum bedauernswerten Opfer. Oder, wie es die SPD-Ministerpräsidentin Schleswig-Holsteins, Heide Simonis, formulierte: »Wenn ich nichts gemacht habe, reiße ich auch keine Leute mit hinein.«

Die »Estonia«

27. September 1994, 0.24 Uhr: Per Funk setzt Andres Toummes, der wachhabende Offizier der in Seenot geratenen Ostseefähre »Estonia« einen Funknotruf ab – Empfänger ist die Fähre Silja Europa, die auf der gleichen Route verkehrt.

ESTONIA: »Europa, Estonia, Silja Europa, Estonia.«

SILJA EUROPA: »Estonia, hier ist Silja Europa auf Kanal 16.«

ESTONIA: »Silja Europa, Mayday, Mayday!«

SILJA EUROPA: »Estonia, funkt ihr SOS? Was ist los? Könnt ihr antworten?«

ESTONIA: »Hier Estonia, wer ist dort? Wir haben hier ein großes Problem, eine schwere Schlagseite nach rechts, ich glaube, zwanzig bis dreißig Grad. Könnt ihr zu Hilfe kommen und auch Viking Line um Hilfe bitten?«

SILJA EUROPA: »Ja. Viking Line ist hinter uns. Kannst du eure Position angeben?«

ESTONIA: »Wir haben Stromausfall, wir haben Blackout. Ich kann nicht sagen, wie die Position ist. Wir haben sie jetzt nicht. Wirklich schlecht, wirklich schlecht sieht es hier aus.«

SILJA EUROPA: »Wir sind auf dem Weg zu euch.«

Das ist das letzte Lebenszeichen der »Estonia«. Um 0.43 Uhr verschwindet das Schiff vom Radarschirm der nächstliegenden Fähre. Die »Estonia« sinkt dreißig Seemeilen vor der finnischen Insel Üto, weil, so die offizielle Theorie, peitschende Wellen das Bugtor abgerissen haben. Wasser strömt auf das Autodeck und bringt den hundertfünfzig Meter langen Stahlriesen innerhalb von zwanzig Minuten zum Kentern. Der Unglücksort mit den Koordinaten 59,325613 Grad Nord, 21,410098 Grad Ost wird in dieser Nacht das Grab von 832 Menschen, nur 137 Passagiere können gerettet werden. Es ist das schwerste Schiffsunglück in Europa seit dem Zweiten Weltkrieg.

18. Februar 1998: Der zuständige Staatsanwalt gab in Stockholm die Einstellung der Ermittlungen zur Klärung der Schuldfrage beim Untergang der »Estonia« bekannt. Für ein strafbares Verhalten lägen keine Anhaltspunkte vor. Der deutschen Meyer-Werft, in der die Fähre gebaut wurde, konnten keine Konstruktionsmängel vorgeworfen werden. Und auch die schwedischen und finnischen Schiffahrtsbehörden können nicht strafrechtlich belangt werden. Schon im Dezember 1997 hatte die internationale Havariekommission in der estnischen Hauptstadt Tallinn, dem ehemaligen Reval, ihren Abschlußbericht vorgelegt. Die Kommission aus schwedischen, finnischen und estnischen Fachleuten war unmittelbar nach der Katastrophe eingesetzt worden und zu dem Schluß gekommen, daß der Untergang durch eine Kombination von technischem und menschlichem Versagen ausgelöst wurde.
Einen wesentlichen Grund stellten nach Ansicht der Kommission Baumängel dar: Die Bugklappe soll falsch konstruiert

gewesen sein. Die Verriegelungen der Bugklappe hätten um ein Mehrfaches stärker sein müssen. Der Verschluß sei so schlecht gewesen, daß er sich bei starken Wellen öffnen konnte. Die Vorwürfe wurden von der Meyer-Werft mit Nachdruck zurückgewiesen. Eine von der Werft beauftragte, deutsche Expertengruppe konnte keinen Konstruktionsfehler finden, sondern kam zu ganz anderen Schlüssen: Nachlässigkeiten bei der Wartung, Veränderung von Konstruktionsteilen, fehlerhafte Klassifikation, Ignoranz der Reeder und Fehler der Besatzung führten zu der Katastrophe in stürmischer See.

Was genau auf dem Weg zwischen Tallinn und Stockholm, auf dem die »Estonia« seit Anfang 1993 täglich verkehrte, in jener Nacht zu dem Unglück führte, konnte aber weder von der schwedischen Staatsanwaltschaft noch von den diversen Untersuchungskommissionen eindeutig geklärt werden. Fast zwangsläufig rankten sich schon kurz nach dem Untergang Mythen und Legenden um die »Estonia«.

Gebaut wurde das Schiff Anfang der siebziger Jahre in der Papenburger Meyer-Werft für den küstennahen Verkehr zwischen Finnland und Schweden. Als »Viking Sally« tat die spätere »Estonia« auf der Route zwischen Turku und Stockholm ihren Dienst. Anfang der neunziger Jahre wurde aus der »Viking Sally« die »Silja Star«, später die »Wasa King«. Das Schiff fuhr jetzt nicht mehr nur im Küstenbereich und hätte gemäß internationaler Sicherheitsregeln Konstruktionsergänzungen gebraucht. Die hatte das Schiff allerdings nie bekommen, genausowenig eine Generalüberholung vor dem Verkauf 1993 an ihren neuen schwedisch-estnischen Betreiber. Schon Wochen vor dem Unglück wurde auf gravierende

Mängel im Schiffsbug hingewiesen, was allerdings weder die Reederei noch die Besatzung und die Sicherheitsbehörden übermäßig interessierte. Weder das Bugvisier noch die Laderampe entsprachen den Vorschriften internationaler Sicherheitsbedingungen. Selbst bei normalem Seegang war das Bugvisier stets mit Wasser gefüllt. Fahrten in der zugefrorenen Ostsee, in der die »Estonia« quasi als Eisbrecher eingesetzt wurde und mit achtzehn Knoten durch die Eisschollen pflügte, hatten das Bugvisier so sehr in Mitleidenschaft gezogen, daß Halterungen, Verschlüsse und Hydraulik kaum noch funktionierten.

Den Vorwurf der Schlamperei in großem Ausmaß müssen sich also alle Beteiligten an der »Estonia«-Katastrophe gefallen lassen: die schwedische Reederei »Nordström & Thulin« und ihr estnischer Partner, die »Estonian Shipping Company«, die die »Estonia« gemeinsam betrieben, die französische Klassifikationsgesellschaft »Bureau Veritas«, eine Art Schiffs-TÜV, die für die Beurteilung der Sicherheit zuständig war, die finnischen, schwedischen und estnischen Seefahrtsbehörden, die ihre Überwachungsaufgaben möglicherweise nicht genau genug ausgeübt hatten. Und natürlich auch die estnische Besatzung: Sie hätte das unter voller Kraft fahrende Schiff sofort stoppen müssen, als die ersten Probleme mit der Heckklappe sichtbar wurden.

Tatsächlich hatte die Crew weit mehr Anteil am Untergang: Vor ihrer letzten Reise hatten Sicherheitsexperten aus Malmö – im Rahmen eines On-the-job-Training – die »Estonia« in Tallinn besucht und der Mannschaft mitgeteilt, daß die Estonia aufgrund einer Überbelastung des Autodecks Schlagseite hatte und daß Wasser ins Autodeck drang. Doch dies interessierte niemanden, genausowenig die Tatsache, daß Besatzungsmitglieder mit Decken und Matratzen Lücken in den Verschlüssen notdürftig »stopften«.

Die »Estonia« hatte also den Hafen von Tallinn in seeuntüchtigem Zustand verlassen, was sowohl Reederei, Mannschaft wie Sicherheitsbehörden bekannt war. Bugvisier und Bugrampe waren undicht, Wasser drang in das Schiff ein – aber reicht das als Erklärung für den Untergang aus?

Für die Hinterbliebenen bleiben Fragen offen. Warum durfte das Schiff überhaupt auslaufen? Warum waren nur wenige Rettungsinseln an Bord? Lennart Berglund, der Sprecher einer Hinterbliebenen-Gruppe: »Wir glauben, daß die Wahrheit vertuscht und Verantwortliche geschützt werden sollen.« Wie die Wahrheit aussieht, was in jener schrecklichen Nacht tatsächlich passierte, ist heftig umstritten. Diverse Theorien wurden von Hinterbliebenen, Experten und Anwälten vorgebracht.

Eine davon äußerte der Anwalt Henning Witte, der 164 Angehörige von Opfern vertritt. Während die internationale Untersuchungskommission technische Mängel und menschliches Versagen als Unglücksursache ausfindig gemacht hatte, sprach der Anwalt von einem Politkrimi. Die offizielle Version, daß das Bugvisier nicht standhielt, Wasser das Autodeck überflutet habe und so die Fähre zum Sinken brachte, will der Anwalt nicht teilen. Der Deutsche mit Kanzlei in Stockholm glaubt, daß auf Deck 0 ein Loch in den Schiffskörper *gesprengt* wurde und das Bugvisier nur als Folgereaktion abgebrochen ist. Eine Vorstellung, die auch von Fachleuten nicht ganz ausgeschlossen werden kann. Im Bericht der deutschen Expertenkommission heißt es dazu: »Die Sauna/Schwimmbad-Abteilung auf dem 0-Deck war geflutet und stand unter

Druck, war wahrscheinlich offen nach außenbords.« Aber eine Tür gibt es dort nicht.

Um letzte Klarheit zu erreichen, beantragte der Anwalt eine Tauchgenehmigung, um das Schiff, das in nur achtzig Metern Tiefe auf dem Ostseegrund liegt, noch einmal zu fotografieren. Er wollte klären, ob es möglicherweise eine Explosion gegeben habe und auch, welche Ladung das Schiff hatte, wie sie verteilt war und ob sie verrutscht war. Doch dieser Antrag auf Beweissicherung wurde von den zuständigen schwedischen Behörden abgelehnt: Niemand, so entschied der schwedische Reichstag in einem Gesetz, solle sich je wieder der »Estonia« nähern dürfen.

Was eigentlich als Abwehr von Grabräubern gedacht war, geriet in den Ruch der Verschleierung. Zwar waren bereits schwedische Taucher zum Wrack der »Estonia« vorgedrungen und brachten auch Aufnahmen mit, die für eine Klärung des Unterganges von Bedeutung sind. Doch beim Sichten der Filme, die die gesunkene »Estonia« zeigten, war Henning Witte aufgefallen, daß die Bilder von den wichtigsten Teilen der Fähre fehlten – das Autodeck und die Kommandobrücke waren nicht oder nur sehr ungenau zu erkennen.

Auch Peter Holtappels, der Anwalt der Meyer-Werft, erklärte 1997 in einem Interview mit dem *Stern*, daß die zur Verfügung gestellten Videoaufnahmen der gesunkenen »Estonia« nicht vollständig gewesen seien: »Da gibt es in der Tat eine Seltsamkeit. Wir wissen, daß in schwedischen Behörden die Möglichkeit einer Explosion im Unterwasserbereich der ›Estonia‹ erörtert worden ist. Wir haben dem zunächst keine Beachtung geschenkt, dann aber entdeckt, daß auf den Videoaufnahmen der Außenhaut des Schiffes immer genau jene Sektion fehlt oder unkenntlich gemacht war, in dem das gemutmaßte Loch als Folge dieser Explosion hätte sein müssen. Das Geräusch einer Explosion ist ja von vielen Menschen auf dem Schiff gehört worden, übrigens genau um Mitternacht. Bestimmte Phänomene, die dann folgten, sind eigentlich nur damit zu erklären, daß durch ein Leck im Unterwasserschiff Wasser in eine Sektion eingedrungen ist, bevor es später zur eigentlichen Katastrophe kam.« Über die Hintergründe will Holtappels nicht spekulieren: »Da sind wir auf Mutmaßungen angewiesen. Es gibt Gerüchte, daß die Reederei sich geweigert habe, Erpressungsgelder in Tallinn zu zahlen und daraufhin mit einem ›Denkzettel‹ reagiert worden sei. Dieser Denkzettel hätte das Schiff nicht ernsthaft gefährden, der Reederei aber die Entschlossenheit der Erpresser demonstrieren sollen.«

Die Version von Witte geht noch einen Schritt weiter: »Die ›Estonia‹ sei in der Unglücksnacht als Schmuggelfrachter eingesetzt worden. Der amerikanische Geheimdienst habe unter Mithilfe der schwedischen Kollegen radioaktives Waffenmaterial der russischen Armee in die USA schaffen wollen. Russische Agenten waren an Bord, mit dem Auftrag, diesen Schmuggel zu unterbinden und notfalls die ›Estonia‹ zu versenken. Die Agenten hätten entweder den Kapitän gezwungen, die Bugklappe zu öffnen, oder aber ein Loch in den Bug des Schiffes gesprengt.«

Noch abenteuerlicher ist nur noch eine Theorie, die von angeblichen ehemaligen Mitarbeitern des Sowjet-Geheimdienstes KGB stammt und in diversen russischen und estnischen Zeitungen als »Felix«-Report kursierte. Demnach befand sich an Bord der Unglücksfähre eine große Menge Heroin. Dies ist, wie viele Fachleute einräumen, nicht gänzlich unplausibel, da die Fährverbindungen zwischen den baltischen Staaten und Europa schon immer als Schmuggelrouten dienten. Was danach kommt, kann allerdings nur als wilde Spekulation bezeichnet werden: Konkurrierende Kriminelle hätten dem schwedischen Zoll auf Umwegen Informationen über die Ladung zukommen lassen. Vom Zoll wiederum sei über eine undichte Stelle eine Warnung an die Drogenhändler durchgesickert. Allerdings zu spät, denn die »Estonia« war bereits ausgelaufen. Nun – so der »Felix«-Report weiter – hätte der Drahtzieher des Drogentransfers, genannt »Jurij«, sich mit Arvo Andresson, dem (eingeweihten) Kapitän der »Estonia«, in Verbindung gesetzt. Der Befehl: Alles Heroin über Bord werfen. Wenig später rief »Jurij« ein zweites Mal an und sagte, an Bord der »Estonia« befände sich noch weitere Schmuggelware, nämlich vierzig Tonnen Kobalt auf zwei Lastwagen im vorderen Bereich des Autodecks. Befehl Nummer 2: Bugklappe öffnen und das Material auf hoher See entsorgen. Der Kapitän weigerte sich, dieses riskante Manöver durchzuführen, ließ sich aber von Drohungen einschüchtern. Beim Versuch, bei stürmischer See die Bugklappe zu öffnen, riß diese ab, und die Katastrophe nahm ihren Lauf.

Kronzeuge der anonymen »Felix«-Report-Autoren ist der Zollbeamte Igor Krischtapowitsch. Er habe die geheimnisvollen Telefonate abgehört und mitgeschnitten. Doch Krischtapowitsch ist tot: Er wurde drei Wochen nach dem Unglück aus nächster Nähe erschossen, und von etwaigen Tonbändern fehlt jede Spur. Aber es gibt weitere, diese Theorie stützende Zeugenaussagen: Einige der Überlebenden wollen »Schleif- und Motorengeräusche« gehört haben, andere das »Starten der vorderen Hydraulikpumpen«, gefolgt von einem

»ächzenden Geräusch« – wie beim Öffnen des Bugvisiers. Und dann ist da noch das Rätsel der vier verschwundenen Überlebenden. Die Geschichte klingt unglaublich, wie aus einem zweitklassigen Hollywood-Thriller: Überlebende berichteten, vier Menschen nach dem Unglück in einer Rettungsinsel gesehen zu haben. Nicht mehr auffindbare Filmaufnahmen sollen zumindest einen der vier zeigen. Familienmitglieder erzählten, daß sie kurz nach dem Untergang über die Rettung ihrer vier Angehörigen informiert worden waren. Trotzdem fehlt von den vier Menschen bis heute jede Spur. Das könnte daran liegen, so der »Felix«-Report, daß einer von ihnen zuviel über die Ursache des Untergangs wußte: Avo Piht, der zweite Kapitän der »Estonia«, war auf eben jener Rettungsinsel. Sollte er als Mitwisser krimineller Machenschaften beseitigt worden sein und die anderen drei Passagiere als lästige Zeugen gleich mit?

Die internationale Expertenkommission hat alle diese Theorien verworfen. Schmuggelware an Bord wollte sie weder bestätigen noch dementieren, die Theorien über Mafia-Beteiligung und Bombenexplosionen wurden als »wirklichkeitsfremd« zurückgewiesen. Daß diese facettenreichen Verschwörungstheorien so ungehindert wuchern konnten, war ironischerweise auch die Schuld der Expertenkommission: Immer wieder wurde die Veröffentlichung des Abschlußberichts verschoben, und es gab eine Reihe von Umbesetzungen im Untersuchungsausschuß: 1996 trat der Kommissionsvorsitzende, der frühere estnische Verkehrsminister Andi Meister, zurück. Offiziell »aus Gesundheitsgründen«. Aber noch kurz vor seinem Rücktritt übte er heftige Kritik an seinen schwedischen Kollegen: Sie hätten ihm Videoaufnahmen vorenthalten, die Taucher von der Brücke des gesunkenen Schiffs aus gemacht hatten. Und im Mai trat dann auch der Vorsitzende der schwedischen Estonia-Kommission, Olof Forssberg, von seinem Amt zurück. Vorausgegangen war das Eingeständnis, »dumme Lügen« gebraucht zu haben, um die Existenz eines Briefes, der indirekt die schwedische Seefahrtsbehörde für den Untergang der Fähre verantwortlich gemacht hatte, zu leugnen. »Diese dummen Lügen«, die geplante Einbetonierung des Wracks zur Sicherung des Grabfriedens und der häufige Gebrauch des »Geheim«-Stempels, der es zum Beispiel unmöglich machte, die genauen Ladelisten einzusehen, erwecken Mißtrauen.

Die »Estonia« reiht sich damit in die Kette geheimnisvoller Katastrophen ein, deren Ursachen und Zustandekommen nie zufriedenstellend geklärt werden konnten. War es tatsächlich ein Konstruktionsfehler? War mangelhafte Wartung der Grund? Versagte die Mannschaft? Lag es am stürmischen Wetter? War vielleicht doch die Mafia im Spiel? Wurde die »Estonia« vielleicht gar torpediert? Oder handelte es sich um ein Verbrechen der Geheimdienste?
Olof Forssberg bezeichnete solche Verschwörungstheorien als unqualifiziertes Gerede. Aber was heißt das schon bei einem Mann, der irgendwann »dumme Lügen« eingesteht. Für Anwalt Witte ist der Fall auch noch längst nicht geklärt: »Wenn die Schuldfrage offen bleibt, werden sich um die ›Estonia‹ bald mehr Mythen bilden als um den Untergang der ›Titanic‹.«

Flug TWA 800

17. Juli 1996. New York, John F. Kennedy Airport: Um 20.00 Uhr startete eine Boeing 747 der US-Fluggesellschaft TWA pünktlich in den Abendhimmel. Der Flug Nummer 800 hatte als Destination Paris, die zweihundert Menschen an Bord freuten sich auf einen Urlaub in der französischen Hauptstadt. Doch dieses Ziel sollte die TWA nie erreichen. Dreißig Minuten nach dem Start explodierte der vollgetankte Jumbo-Jet, zerbrach in mehrere Teile und stürzte als gigantischer Feuerball vor Long Island ins Meer. Den ersten Rettern bot sich ein Bild des Grauens: Flammen aus Kerosin, die von der Meeresoberfläche bis zu sieben Meter hochschlagen, Feuerlöscher, Kissen, abgetrennte Sitze, Rucksäcke, Brieftaschen und Fotos, Kinderschuhe, Teddybären und Zeitungen treiben auf dem Wasser.

Zwei Tage vor der Eröffnung der Olympischen Spiele von Atlanta schockierte der Absturz der TWA-Maschine die amerikanische Nation. Sofort wurden dunkle Erinnerungen wach, an den Anschlag palästinensischer Terroristen in München 1972 und vor allem an Lockerbie, den durch eine Bombe verursachten Absturz des Pan Am Fluges 103. Zweihundertsiebzig Passagiere, meist Amerikaner, starben bei dem Anschlag. Damals genügte weniger als ein Pfund Plastiksprengstoff der Marke Semtex, versteckt in einem Radio-recorder, den Jumbo zum Absturz zu bringen. War es diesmal wieder so?

Sofort nach dem Unglück wurden Krisenstäbe gebildet, begannen Küstenwache und Marine mit der Bergung der Wrackteile aus vierzig Metern Tiefe. Sie hoben bizarr verformte Metallteile, Gepäckcontainer, Sitzreihen, und immer wieder brachten sie tote Passagiere an Land. Die Suche ging nur schleppend voran: Die Teile des zerborstenen Jets waren viele Meilen auf dem Meeresboden verstreut. Die Öffentlichkeit verfolgte gebannt die Berichterstattung in den Medien, doch weder die verschiedenen Wrackteile noch die Auswertung der tagelang fieberhaft gesuchten Flugschreiber brachten auf Anhieb eindeutige Erkenntnisse, genausowenig die Analyse des Voice-Recorders, auf dem die letzten Sekunden im Cockpit mitgeschnitten wurden.

PILOT SNYDER: »Sieh mal diesen verrückten Zeiger der Benzinflußanzeige in Nummer vier. Siehst du das?«

KOPILOT KEVORKIAN: »Huh?«

PILOT: »Irgendwo hier drinnen krieg ich besser raus, wo dieses Ding in Ordnung gebracht wird.« (Er sieht wahrscheinlich im Instruktionsbuch nach.)

BODENKONTROLLE BOSTON: »TWA 800, steigen Sie und behalten 15 000.«

PILOT: »Erhöhe Schubkraft.«

PILOT AN BODENKONTROLLE: »TWA 800, steigen steil und behalten 15 000, verlassen 13 000.«

2. OFFIZIER: »Schub geschaltet.«

Um 20.30 Uhr und 42 Sekunden war ein rätselhaftes, mechanisches Geräusch zu hören. War das die Explosion? Danach Stille. Das Band endet dreißig Sekunden später.

Die Bergung der Bruchstücke zog sich über viele Tage und Wochen hin. Beinahe täglich vermittelten die Fahnder den Eindruck, daß sie kurz vor der Aufklärung stünden, um am nächsten Tag wieder zu dementieren. Dann schien ein Durchbruch erreicht. Was die meisten Laien schon von Beginn an vermutet haben, schien sich zu bestätigen. Erste Indizien deuteten auf einen Bombenanschlag hin. Bergungsmannschaften fanden auf dem Wrackteil einer Tragfläche Spuren chemischer Rückstände, die von Sprengstoff stammen könnten. Die *New York Times* zitierte dazu aus geheimen Informationen der US-Behörden: »Die mit einem hochsensiblen Sprengstoffdetektor vorgenommenen Tests sind an der Grenze positiv.« Außerdem seien viele Wrackteile pockennarbig, was in der Regel auf eine Bombenexplosion schließen lasse. Doch das FBI wiegelte schnell ab: »Die Gegentests sind negativ.«

Damit war die Bombentheorie noch längst nicht erledigt. Der TV-Sender CBS berichtete, daß in einem Trümmerstück aus dem Frachtraum Löcher entdeckt worden sein. Das entscheidende Indiz für eine Bombe im Gepäckraum? Doch auch diese Vermutung läßt sich nicht bestätigen. Spuren, die auf eine Bombe im Cockpit oder in Essenwagen schließen lassen, verliefen ebenfalls im Sande.

Mit jedem Tag, der mit der Suche nach Hinweisen, Indizien und Wrackteilen verging, nahm die Zahl der Theorien über die Absturzursache zu. Beim New Yorker Partyklatsch kam sogar das Gerücht auf, daß Ursache und Urheber schon längst feststünden. Die Regierung hätte iranische Terroristen als Schuldige ausgemacht, hielte die Informationen aber zurück, um kurz vor der Präsidentenwahl publikumswirksam gegen das islamische Land vorgehen zu können. Das würde Clintons Chancen zur Wiederwahl deutlich verbessern.

Andere Gerüchte würden die Wiederwahl des Präsidenten eher beeinträchtigen: Nach diesen Spekulationen hätten nicht etwa Terroristen mit einer Boden-Luft-Rakete die Maschine vom Himmel geholt (auch diesen Spuren ist das FBI nachgegangen), sondern die eigene Marine. Bewohner von Long Island wollen in der Nacht des Absturzes am Unglücksort Seemanöver beobachtet haben. Es war die Rede von Amateurvideos, auf denen in der Woche vor dem Absturz raketentypisches Triebwerkfeuer am Himmel und sogar ein in der Luft befindliches Geschoß zu sehen seien. Hunderte Augenzeugen wollten unmittelbar vor der Katastrophe ein helles Licht am Himmel gesehen haben, das direkt auf den Jumbo zuflog. Die französische Zeitschrift *Paris Match* veröffentlichte Video-Aufzeichnungen, die angeblich den Anflug einer Rakete auf den Jumbo zeigen. Pierre Salinger, US-Journalist und ehemaliger Pressesprecher Kennedys, war sich sicher: »Die Bilder stammen vom JFK-Flughafen und beweisen, daß Flug TWA 800 Opfer einer Rakete der US-Marine geworden ist. Die Seestreitkräfte der USA hielten in der Unglücksnacht vor Long Island eine geheime Antiterror-Übung mit achtundsechzig Schiffen und U-Booten ab, bei der es zu diesem schrecklichen Unglück kam.« Salinger erwähnte zudem einen Zeugen, einen Matrosen, der kurz nach dem Absturz seinen Vater anrief und ihm gestand: »Wir haben ein Flugzeug abgeschossen.« FBI und Pentagon wiesen diese Darstellung umgehend zurück. Ein Sprecher des Verteidigungsministeriums: »Alle Raketen der Marine, auf Schiffen, U-Booten oder Flugzeugen wurden gezählt, alle Verantwortlichen befragt, alle Aufzeichnungen gecheckt. Wir haben kein Indiz, daß so etwas passiert sein könnte.« Was zudem gegen die Raketentheorie spricht: Auf keiner der Radaraufzeichnungen ist eine Rakete zu sehen.

Drei Wochen nach dem Unglück richtete sich die Spekulation über die Absturzursache stärker auf technische Defekte. Entweder könnte sich das Vorderteil der Boeing, dessen Konstruktionsschwächen schon länger bekannt waren, vom Rest des Jets gelöst haben, oder der leere Rumpftank könnte sich entzündet haben. Schon 1985 hatten Ingenieure bei der Inspektion einer Boeing 747 entdeckt, daß drei Strukturrahmen um das Erste-Klasse-Abteil sich von den umliegenden Teilen gelöst hatten.
Die Federal Aviation Administration ordnete an, daß kein Jumbo mehr als zwanzigtausend Flüge absolvieren dürfe, ohne daß die Frontpartie verstärkt würde. Doch die TWA 800 hatte erst 16870 Starts und Landungen hinter sich. Der zweite, mögliche Defekt: Wegen der relativ geringen Beladung waren nur die Treibstofftanks in den Flügeln gefüllt. Der im Rumpf befindliche Haupttank mit sechzigtausend Litern Fassungsvermögen war leer. Leer heißt, daß sich darin aber immer noch zweihundert Liter Kerosin befinden konnten – gemischt mit Luft eine hochexplosive Mixtur. Dieser sogenannte Bodensumpf bleibt zurück, wenn der Haupttank entleert wird. Mindestens viermal war im Zentraltank von Boeing 747 Feuer ausgebrochen, zweimal auf dem Boden, und zwei Brände führten zu Abstürzen. Doch viele Fachleute glaubten, daß die Temperatur des Gemischs für eine Selbstentzündung zu gering gewesen sei.

Als dritte, wahrscheinliche Möglichkeit gerieten die Treib-
stoffpumpen ins Visier der Ermittler. Schon im Jahr zuvor hatte bei einer 747 der Japan Airlines die Isolierung versagt, die
Hitze ein Loch in den Pumpenkasten gebrannt und austreten-
den Treibstoff entzündet. Bei einer anschließenden Untersuchung stellte sich heraus, daß über sieben Prozent der fünftau-
send Pumpen sofort ersetzt oder überprüft werden müßten.
Boeing-Experten glaubten allerdings nicht, daß es selbst bei
leckenden Pumpen zu einer Explosion kommen könnte.

Ein Jahr nach dem Absturz, im Juli 1997, legten die Bundes-
kriminalbehörde FBI, der National Transportation Safety
Board (NTSB) und die Federal Aviation Administration
(FAA) dem US-Kongreß einen vorläufigen Bericht vor. Annähernd neunzig Prozent der bei Long Island geborgenen
747-Einzelteile wurden in einem Hangar wieder zusammengesetzt, über siebenhundert Metallteile in zehntausend Arbeits-
stunden wieder in ihre alte Position gebracht. Doch selbst
dieses aufwendige Puzzlespiel ergab keine endgültige Erklärung der Katastrophe. So können die Experten des Nationalen Verkehrssicherheitsrats, des FBI und der Luftfahrtbehör-
de nur Thesen zu den Ursachen vorlegen:

1. Die wahrscheinlichste Ursache ist, daß Treibstoffreste im
   leeren Zentraltank sich zu einem explosiven Gasgemisch
   verdichtet haben, welches sich dann von selbst entzündet
   hat.
2. Ein Funke statischer Elektrizität könnte ein Benzin/Gas-
   Gemisch, das aus einem Leck ausgetreten ist, entzündet
   haben. Die Theorie der statischen Elektrizität ist aber
   heftig umstritten.

3. Eine Reinigungs- und Entleerungspumpe, die letzte Kerosinreste aus dem sechzigtausend Liter fassenden Zentraltank pumpt, könnte sich erhitzt und den Treibstoff entzündet haben. Diese Pumpe wurde allerdings im Wrack nicht gefunden.
4. Eine falsche Verkabelung könnte ebenfalls zu einer Zündung im zentralen Tank beigetragen haben. Solche falschen Verkabelungen wurden auch in anderen älteren Jumbos gefunden.
5. Ein Treffer mit einer vom Boden abgefeuerten Rakete wird als absolut unwahrscheinlich angesehen. Nicht ein Teil des Wracks zeigt Spuren eines Raketeneinschlags. Nicht vollkommen auszuschließen sei aber, daß die Maschine von einem Meteoriten oder einem Satellitenteil getroffen wurde.
6. Sollte es ein Bombenanschlag gewesen sein, sind sich die Experten sicher, daß es keine große Bombe gewesen sein kann. Denkbar ist allerdings, daß eine kleine Bombe an der Rückwand des Zentraltanks angebracht gewesen ist. Doch konnten keine Wrackteile gefunden werden, die diese Theorie erhärten.

Ein Ende fand die Diskussion um Bombenattentat und Raketeneinschlag mit dem Abschluß der FBI-Ermittlungen im Dezember 1997. Chefermittler James Kallstrom kam zu dem Schluß: »Es gibt einen überwältigenden Mangel an Beweisen für ein Verbrechen.« Nach Tausenden von Interviews mit Zeugen und Untersuchungen an den Wrackteilen schloß das FBI aus, daß der Absturz durch eine Rakete oder eine Bombe verursacht worden war. Was in den letzten Sekunden des Fluges mit allergrößter Wahrscheinlichkeit geschehen ist, zeigte eine Videoanimation des FBI, die die letzten Sekunden des Unglücksfluges detailgenau rekonstruierte. In diesen Film flossen die Aussagen der Zeugen, die Daten von zwölf Radaranlagen und die Informationen von Satelliten ein. Mehr Wahrheit wird über den Absturz der TWA 800 wahrscheinlich nicht in Erfahrung zu bringen sein.

Das Drehbuch des Schreckens, wie das FBI es sieht: Die Maschine brach nach einer ersten Explosion im Treibstofftank in zwei Teile. Das Cockpit und die vorderen Sitzreihen stürzten ins Meer, der hintere Teil der Maschine mit den weiter funktionierenden Triebwerken erhielt weiter Auftrieb und stieg steil in die Höhe. Dabei floß brennender Treibstoff aus den Flügeln und erzeugte einen Feuerschweif. Nach weiteren sechzehn Sekunden explodierte erneut Treibstoff, und auch der hintere Teil des Jumbos trudelte in Richtung Wasseroberfläche. Nach zweiundvierzig Sekunden brach die linke Tragfläche ab, der zerstörte Rumpf stand in Flammen. Nach neunundvierzig Sekunden zerschellte die Maschine auf dem Meer.

Das FBI hält durch den Film alle Spekulationen über einen Raketenbeschuß für widerlegt. Eintausendvierhundert Löcher im Wrack wurden nach den Spuren einer Rakete untersucht, Hunderte von Schiffen inspiziert, und bei der amerikanischen Marine wurde nach fehlenden Raketen gefahndet. Bei keiner dieser Ermittlungen konnte der Verdacht, daß die Maschine abgeschossen wurde, erhärtet werden. Was Zeugen als Rakete angesehen hatten, war mit höchster Wahrscheinlichkeit der Feuerschweif des aufsteigenden Flugzeugs. Was Zeugen als Raketentreffer hörten, war die zweite Treibstoffexplosion. Fazit: Alles deutet auf ein katastrophales, mechanisches Versagen hin, mit höchster Wahrscheinlichkeit aus-gelöst durch eine Selbstentzündung im Treibstofftank. Mit dieser Erkenntnis schließt das FBI die Akten über den Todes-flug der TWA 800.

Diana

Muß man völlig verrückt sein, um zu glauben, Diana, Princess of Wales, sei einem Mordanschlag zum Opfer gefallen? Offenbar nicht, denn die Mehrheit der Briten und, so die Meldungen, die überwältigende Mehrheit der arabischen Welt glaubt an genau das: Mord.

Da nützt es auch nichts, daß die Umstände klar, eindeutig, unwiderlegbar sind; in einem solch prominenten Fall – Diana, die sogenannte Königin der Herzen, war die bekannteste und meistfotografierte Frau der Welt – wird jede noch so kleine Nebensächlichkeit zum Beweis für die große Verschwörungstheorie aufgebauscht.

Was soll es an der Tatsache zu rütteln geben, daß Henri Paul, Sicherheitschef des Pariser Ritz-Hotels, 1,8 Promille Alkohol im Blut hatte, mithin also schwer betrunken war, als er in der Nacht zum 31. August 1997 um 0.30 Uhr mit Diana und Dodi sowie einem Leibwächter in den Alma-Tunnel fuhr? Außerdem hatte er noch zweierlei Psychopharmaka im Blut, die die Wirkung des Alkohols verstärkten, nämlich das Antidepressivum Prozac und ein Mittel zur Behandlung des Alkoholismus, Tiapridal. Mit 196 km/h setzte Henri Paul den Mercedes gegen einen Pfeiler – wo bleibt da zwischen dem zerbeulten

Blech noch Raum für Spekulationen? Vorher rief er gar noch den Paparazzi zu, er werde sie garantiert abhängen. Außerdem galt Dodi als echter Geschwindigkeitsteufel, der seine Chauffeure und Taxifahrer immer wieder anhielt, Vollgas zu geben, und dafür ein ordentliches Trinkgeld versprach.

Dennoch geistern seit dem Unfall vier Theorien durch die Presse, die sich, wenn überhaupt, auf weit hergeholte Behauptungen stützen – jedoch, geben wir es zu, gerade das ist ja der Charme aller Verschwörungstheorien.

Die erste Theorie besagt, Diana sei von Waffenhändlern umgebracht worden. Ihr Engagement gegen Landminen hätte der Waffenindustrie die Geschäfte verhagelt, und dabei ging es schließlich um Milliarden von Dollar. Diana war das Idol der Anti-Landminenbewegung, die ja tatsächlich ein paar Monate nach ihrem Tod den Friedensnobelpreis erhielt. Die Killerkommandos der Waffenschieber hätten Diana selbstverständlich nicht offen ermorden können, sonst wäre die Empörung um so größer gewesen; also mußte es wie ein Unfall aussehen. Für diese Theorie aber gibt es weniger als einen Beweis.

Die zweite Theorie besagt, der Anschlag habe Dodi gegolten. Dodis Vater Mohammed Al-Fayed ist ein mächtiger, enorm reicher und etwas zwielichtiger Mann mit mehr Feinden als Freunden, und er soll auch den einen oder anderen Mächtigen übers Ohr gehauen haben. Den Sohn umbringen, um den Vater zu treffen, »wie es in der arabischen Welt üblich ist« (so einige Gazetten)? Auch dies ist nur eine wüste Spekulation, keine Indizien existieren.

Die dritte Theorie besagt, der britische Geheimdienst stecke hinter dem Unfall. Dies glaubt zum Beispiel in Ägypten, der Heimat der Al-Fayeds, jedes Kind. »Die Prinzessin ist vom englischen Geheimdienst umgebracht worden. Ähnlich wie damals Marilyn Monroe von der CIA getötet wurde«, schreibt die ägyptische Tageszeitung *Al Ahram*. Variation I: Die Queen gab den Auftrag und machte damit wissentlich ihre Enkel zu Halbwaisen. Variation II: Der Secret Service handelte eigenmächtig beziehungsweise auf Anweisung der britischen Elite. Kurz nach dem Unfall berichtete die Presse von Minibomben, die die Agenten bei diversen »Unfällen« einsetzen. Schwaches Indiz: Der Mercedes 280 war vom 20. April bis zum 6. Mai 1997 als gestohlen gemeldet. Genug Zeit, so die Boulevardjournaille, um einen Sprengkörper im Motorblock zu verstecken? Auch ein Zeuge namens Gary Hunt, ein britischer Anwalt, muß herhalten. Er verbrachte die Nacht des Unfalls in einem Hotel in der Nähe des Alma-Tunnels und hörte kurz vor dem Aufprall eine Explosion.

Der Grund, daß Diana sterben mußte: »Ihr Lebenswandel, ihre neuen Aktivitäten und privaten Kontakte (vor allem zur arabischen Welt) brachten den Fortbestand des Königshauses zunehmend ins Wanken und stellten damit auch das politische System Englands in Frage«, glaubt *Bild am Sonntag*. In seltener Allianz sekundiert Libyens Staatschef Gaddafi: »So sollte verhindert werden, daß eine Königliche einen Moslem heiratet und daß der englische Thronfolger einen muslimischen Stiefvater bekommt.«

Die vierte Theorie besticht wenigstens durch ihre Originalität. Sie besagt, daß Diana in der fraglichen Nacht entführt werden sollte. Henri Paul oder Trevor Rees-Jones hätten die

Gefahr erkannt und wollten fliehen. Angeblich habe der MI5 Diana ständig observiert und dabei am 29. August, zwei Tage vor dem Unfall, in Sardinien zwei Männer beobachtet, die ihrerseits Diana observierten, aber keine Paparazzi waren. Auf der Fahrt zum sardinischen Flughafen seien ihr und Dodi erneut unbekannte Männer gefolgt – keine Paparazzi; und auf der Fahrt vom Pariser Flughafen in die Stadt hätte sich etwas Ungewöhnliches ereignet: Alexander Winfield, ein Bodyguard, der mit Trevor Rees-Jones im Auto saß, erinnerte sich, daß ihr Wagen von einem schwarzen Peugeot 205 GTI ausgebremst wurde, und nur knapp hätte man einen Unfall verhindern können.

Auf der Fahrt in Richtung Tunnel sei Diana erneut von Unbekannten verfolgt worden – laut *Bunte* fahndete die französische Polizei angeblich unter strengster Geheimhaltung nach zwei Männern auf einem schwarzen BMW-Motorrad, die auf den beschlagnahmten Paparazzi-Bildern zu sehen waren, aber von niemandem identifiziert werden konnten. In einer Seitenstraße hinter dem Tunnel stand ein Tieflader, der als Indiz für die Entführungstheorie herhalten mußte.

Auf diesen Tieflader, so die Presse, hätte man eine Limousine »wie den Mercedes 280 von Diana und Dodi« stellen können. Was dies mit einer Entführung zu tun haben soll, bleibt jedoch das Geheimnis der Schreibenden – noch nie wurde bei einem Kidnapping das Auto gleich mitgenommen. Gegen eine Entführung spricht außerdem, daß die Route des Abends keineswegs vorhersehbar war. Mehrmals änderten Di und Dodi an jenem Abend ihre Pläne, und auch die Neunmalklugen wären nicht auf den Alma-Tunnel gekommen, denn er liegt nicht auf direktem Wege zwischen dem Ritz und Dodis Pariser Appartement, dem Ziel ihrer letzten Fahrt.

Gerüchte jagen Gerüchte: Ein Zeuge namens François Levi, den die Nachrichtenagentur Reuter auftrieb, will gesehen haben, wie ein Motorradfahrer kurz vor dem Crash neben dem Mercedes herfuhr und in den Wagen blitzte. Der schuldige Paparazzo oder gar ein raffinierter Mörder, der mit Blendmitteln arbeitete? Allerdings ist der Zeuge unauffindbar. Oder wurde Henri Paul (was für eine profane Spekulation) von einer mobilen Radarfalle geblendet? *France-Soir* zitiert einen Polizisten, der eine blitzende Radarfalle am Eingang des Tunnels für den Unfall verantwortlich machte. Die Polizisten hätten nach dem Unfall das Weite suchen müssen, denn sonst wäre die Präfektur regreßpflichtig gewesen.

Als weiteres Indiz für eine wie immer geartete Verschwörungstheorie muß die Tatsache herhalten, daß Paris das Angebot von Mercedes-Benz ablehnte, eigene Experten an den Unfallort zu schicken. Diese Ablehnung traf insbesondere die Deutschen ins Herz. Doch was sollen Experten von Mercedes-Benz anderes feststellen können als die Experten der Polizei, die nicht zum ersten Mal ein Unfallwrack untersuchten?

Auch Kleinigkeiten wurden herangezogen, um etwaige Konspirationen glaubhaft zu machen. So wurde ernsthaft spekuliert, ob der lebensgefährlich verletzte Leibwächter Trevor Rees-Jones, ein Exfallschirmspringer, den Unfall auf irgendeine Weise herbeigeführt habe und für viel Geld das Risiko eingegangen sei, selbst dabei zu sterben. Schließlich hatte er als einziger den Sicherheitsgurt angelegt, der ihm dann auch tatsächlich das Leben rettete. Dies ist für Leibwächter ungewöhnlich. Rätselhaft, daß er bis zum Place de la Concorde, wie Aufnahmen beweisen, noch keinen Gurt trug; siebzehnhundert Meter später aber kam schon der Tunnel. Ging ihm, mutmaßt *Bild am Sonntag*, in letzter Sekunde auf, daß ein Anschlag bevorstand?

Auch die Rolle des ominösen Fiat Uno läßt manchen Leuten keine Ruhe. An der vorderen rechten Seite des Mercedes waren weiße Lackspuren gefunden worden, die von der betreffenden Marke stammen müßten. Die Ermittler stellten außerdem schwarze Farbspuren sicher, die von mehreren Autoherstellern, auch von Fiat, für Stoßstangen verwendet werden. Obwohl die Polizei vierzigtausend Autobesitzer überprüfte, konnte dieser Fiat Uno nicht gefunden werden. Möglicherweise war der Fiat in den Unfall verwickelt, doch erscheint es den Medien rätselhaft, daß der Fiat bei der Kollision mit dem schweren Mercedes, der ihn von hinten rammte, nicht ebenfalls von der Straße flog. »Rechnete der Fiat-Fahrer mit dem Auffahren? Provozierte er es sogar? Wenn ja, warum?« fragte die *Bunte*.

Dazu kommen die zwei Bremsspuren des Mercedes, eine neunzehn Meter lang, die andere zweiunddreißig Meter lang. Der Wagen war mit ABS ausgerüstet, so die Spekulierer; Bremsspuren hätten demnach gar nicht entstehen dürfen.

Doch Unfälle ereignen sich nun einmal nicht wie am Reißbrett; die Wucht eines mit 196 km/h ins Schleudern geratenen Mercedes führt jegliche Sonntagsfahrer-Physik ad absurdum.

Der Fall Diana beweist eindrucksvoll: Jeder Prominente, der in den nächsten Jahren unerwartet und in relativ jungen Jahren sterben wird, wird irgendwann, früher oder später, in dieser nach Legenden verlangenden Welt im Mittelpunkt einer Verschwörungstheorie stehen.

Wetten?

Bibliographie

»A Close-Up Take on KAL-007«, in: *International Herald Tribune*, 10. 12. 1996.

»An diesem Prozeß klebt zuviel Blut«, in: *Der Spiegel*, 38/1982.

»Angst um Atlanta«, in: *Focus*, 22. 7. 1996.

»Area 51 – Wo die Aliens Stammgäste sind«, in: *Zeitmagazin*, 20. 6. 1997.

»Arsen-Spuren in Napoleons Haar«, in: *Neue Zürcher Zeitung*, 22. 3. 1995.

»Attacke der Aliens«, in: *Focus*, 8. 7. 1996.

»Auf dem Highway 375 sind die Ufos los«, in: *Stern*, 15. 5. 1996.

»Auf den Spuren eines Justizirrtums«, in: *Süddeutsche Zeitung*, 11. 4. 1992.

»Auf der Spur eines Rätsels«, in: *Frankfurter Rundschau*, 11. 8. 1994.

AUST, STEFAN, *Der Baader-Meinhof-Komplex*, Hamburg 1985.

»Barschel weitgehend rehabilitiert – Ein Untersuchungsbericht nach acht Jahren«, in: *Frankfurter Allgemeine Zeitung*, 31. 10. 1995.

BISIACH, GIANNI: *Il Presidente – La lunga storia di una breve vita*, Roma 1990.

»Blut und Kanülen«, In: *Der Spiegel*, 3. 10. 1994.

CARR, FRANCIS: *Mozart und Constanze*, aus dem Englischen übersetzt und herausgegeben von Dietrich Klose, Stuttgart 1986.

»Chronik einer Katastrophe«, in: *Stern*, 16. 2. 1995.

»Crime Of The Century«, in: *Variety*, 9. 9. 1996.

197

»Das Heiligste geschüttelt«, in: *Der Spiegel* 4/1978.

»Das Palme-Komplott«, in: *News*, 30. 3. 1995.

»Das Trauma von Memphis«, in: *Süddeutsche Zeitung*, 3. 4. 1993.

»Das Unglück wäre vermeidbar gewesen«, in: *Stern*, 6. 4. 1995.

»Das unsichtbare Kainsmal auf der Stirn«, in: *Süddeutsche Zeitung*, 18. 12. 1995.

»Der amerikanische Alptraum«, in: *Abendzeitung*, 22. 5. 1996.

»Der Dunst über dem See bleibt undurchdringlich«, in: *Süddeutsche Zeitung*, 16. 11. 1991.

»Der König ist tot, es lebe der Kini«, in: *Die Zeit*, 13. 6. 1986.

»Der langsame Tod eines Mörders«, in: *Frankfurter Allgemeine Zeitung*, 20. 2. 1997.

»Der Mord an Moro wird zur Ehrenrettung«, in: *Süddeutsche Zeitung*, 11. 10. 1978.

»Der Mord an King – Viele Zeichen deuten auf eine weite Verschwörung«, in: *Die Welt*, 24. 4. 1968.

»Der Mordfall Marilyn«, in: *News*, 9. 5. 1996.

»Der Polizei auf der Spur«, in: *Die Zeit*, 24. 2. 1995.

»Der Prozeß gegen den Mörder Kings fällt aus«, in: *Frankfurter Allgemeine Zeitung*, 12. 3. 1969.

»Der Reiz eines Rätsels«, in: *Der Spiegel*, 12. 8. 1996.

»Der Tag, der Italien verändert«, in: *Bunte*, 13/1978.

»Der Tod eines Staatsfeindes«, in: *Stern* 44/1978.

»Der Tod fuhr schon länger mit«, in: *Hamburger Abendblatt*, 13. 6. 1997.

»Der Tod kam wie ein Dieb in der Nacht«, in: *Hamburger Abendblatt*, 2. 6. 1989.

»Der unbezwingbare Berg der Geheimnisse«, in: *Süddeutsche Zeitung*, 22. 11. 1993.

»Der Untergang der Wahrheit«, in: *Süddeutsche Zeitung*, 10. 5. 1997.

»Der zweite Mord an Dr. King?«, in: *Abendzeitung*, 8. 11. 1989.

»Dianas Tod – ist Dodi schuld?«, in: *Abendzeitung*, 15. 9. 1997.

»Diana – War der Unfall ein Mord?«, in: *Bunte*, 13. 11. 1997.

»Die Apartheid-Krokodile«, in: *Der Spiegel*, 42/1996.

»Die Ermordung des Papstes – es bleibt nur eine kühne Behauptung«, in: *Die Welt*, 7. 7. 1984.

»Die Fähre hätte nicht auslaufen dürfen«, in: *Stern*, 4. 12. 1997.

»Die Hinterlassenschaft des Aldo Moro«, in: *Süddeutsche Zeitung*, 14./15. März 1998.

»Die Rätsel um den Mord an Martin Luther King«, in: *Die Welt*, 16. 8. 1978.

»Die Schuld der deutschen Werft zugeschoben«, in: *Frankfurter Allgemeine Zeitung*, 4. 12. 1997.

»Diese Schmiere«, in: *Der Spiegel*, 49/1977.

»Die Spur des Findlings«, in: *Die Zeit*, 14. 4. 1995.

»Di's Tod – Mythos und Mystery«, in: *Abendzeitung*, 3. 11. 1997.

»Doch eine Bombe?«, in: *Hamburger Abendblatt*, 24. 7. 1996.

»Dunkle Geschichte hinter dem Finstern«, in: *Der Spiegel*, 44/1977.

»Eine Gruselstory für den Strand – Wurde Johannes Paul I. ermordet?«, in: *Frankfurter Allgemeine Zeitung*, 16. 8. 1985.

»Ein Heiligenbild bekommt menschliche Züge«, in: *Süddeutsche Zeitung*, 20. 10. 1989.

»Ein Lehrstück, nicht nur für Italien«, in: *Süddeutsche Zeitung*, 30. 11. 1993.

»Ein Souvenir vom Regiment Bubenhofen«, in: *Die Welt*, 9. 1. 1988.

»Ein Todesurteil weckt noch nach 50 Jahren Zweifel«, in: *Süddeutsche Zeitung*, 14. 2. 1985.

»Ein Urteil – aber keine Aufklärung«, in: *Stuttgarter Zeitung*, 12. 3. 1969.

»Ermittlungen im Fall ›Estonia‹ eingestellt«, in: *Frankfurter Allgemeine Zeitung*, 19. 2. 1998.

»Er wurde Opfer einer gesteuerten Aktion«, in: *Stern*, 20. 12. 1995.

»Estonia-Untergang weiter ungeklärt«, in: *Handelsblatt*, 17. 3. 1997.

»Es war Mord! Mußten Gracia und Stefano sterben, weil sie der Mafia im Weg waren?«, in: *Das Neue Blatt*, 8. 5. 1996.

»Ewige Lust an Ludwig«, in: *Der Spiegel*, 21. 8. 1995.

»Falsche Berichte vom Kardinal«, in: *Welt am Sonntag*, 18. 11. 1984.

»Fanal am Himmel«, in: *Geo*, 9/1997.

»FBI kämpfte gegen Luther King«, in: *Süddeutsche Zeitung*, 20. 11. 1975.

»›Freispruch‹ im Fall Martin Luther King«, in: *Frankfurter Rundschau*, 6. 4. 1993.

»Führt da irgendwer Regie?«, in: *Süddeutsche Zeitung*, 30. 10. 1993.

»Fürstin Gracia wurde von der Mafia ermordet«, in: *Die Aktuelle*, 12. 6.
  1989.

»Geständnis wegen Versprechung«, in: *Frankfurter Rundschau*, 11. 5.
  1970.
»Gracia von Geheimbund ermordet?«, in: *Bild*, 20. 2. 1985.
»Gracia von Mafia erschossen!«, in: *Bild am Sonntag*, 29. 4. 1984.
»Gracia wurde ermordet!«, in: *Das Neue*, 25. 7. 1994.
GREGORY, ADELA, und SPERIGLIO, MILO, *Der Fall Marilyn Monroe*,
  München 1996.
»Große Männer, große Mörder«, in: *Der Spiegel*, 26. 2. 1996.
»Gutachten stützen Mordthese«, in: *Focus*, 6. 4. 1996.

»Hallo Erdling«, in: *Focus*, 6. 11. 1995.

»Ich habe mir eine Spielzeugpistole gekauft«, in: *Der Spiegel*, 6/1978.
»Ist Mozart am Doktor gestorben?«, in: *Stuttgarter Zeitung*, 5. November
  1983.
»Italien: Terror nach deutscher Art«, in: *Der Spiegel*, 12–13/1978.

JACOB, HEINRICH EDUARD: *Mozart – Geist – Musik – Schicksal*, Frankfurt
  am Main 1980.
»Jedem bewußt«, in: *Der Spiegel*, 46/1977.
»J. F. K.«, in: *Newsweek*, 22. 11. 1993.
»Johannes Paul I. – ein Papst mit Sehnsucht nach dem Tod«, in: *Die
  Welt*, 18. 5. 1989.
»Jumbo-Abschuß falsch dargestellt?«, in: *Frankfurter Allgemeine Zeitung*,
  4. 9. 1996.
»Junge aus Tirol«, in: *Die Zeit*, 3. 3. 1989.

»KAL-Flug 007«, in: *Geo*, 1/1998.
»Keine Beweise für Terrorakt«, in: *Süddeutsche Zeitung*, 20. 11. 1997.
»Keine Zarentochter«, in: *Frankfurter Allgemeine Zeitung*, 8. 2. 1995.
»King-Mord – Viele Finger«, in: *Der Spiegel*, 12/1969.
»Klärendes Puzzle«, in: *Der Spiegel*, 19. 5. 1997.

»Kommission gibt Estonia-Besatzung keine Schuld«, in: *Frankfurter Rundschau*, 26. 9. 1997.

»König Ludwig, steh auf und regier!«, in: *Stern*, 10. 8. 1995.

LANGBEIN, WALTER-JÖRG: *Die großen Rätsel der letzten 2500 Jahre*, Augsburg 1993.

»Legenden unter Beton«, in: *Der Spiegel*, 15. 4. 1996.

»Licht in jede Ritze«, in: *Der Spiegel*, 45/1977.

»Long Live Mozart!«, in: *Time*, 22. Juli 1991.

LORD, WALTER, *Die Titanic-Katastrophe*, München 1998.

»Ludwig II. – ›in die Zunge verbissen und erstickt‹«, in: *Süddeutsche Zeitung*, 21. 12. 1995.

»Lügen, Nachlässigkeiten, Krisen«, in: *Frankfurter Allgemeine Zeitung*, 28. 5. 1997.

»Luther King starb durch eine Verschwörung«, in: *Süddeutsche Zeitung*, 26. 1. 1991.

»Manche Morde sterben nie«, in: *Die Zeit*, 30. 10. 1981.

»Mangel an Güte«, in: *Der Spiegel*, 49/1986.

»Märchenhaft schlüssig«, in: *Der Spiegel*, 27. 2. 1995.

»Marilyn Monroe mit Gift-Klistier ermordet«, in: *Bild*, 1. 6. 1996.

»Medizinische Fragen um den Tod von Fürstin Gracia Patricia«, in: *Welt am Sonntag*, 26. 9. 1982.

MEHLE, FERDINAND: *Der Kriminalfall Kaspar Hauser*, Kehl 1994.

»Mehr Gerüchte als bei der Titanic«, in: *Frankfurter Rundschau*, 18. 2. 1997.

MELLEN, JOAN: *Marilyn Monroe – Ihre Filme, ihr Leben*, München 1983.

»Mordfall Palme: Die Luft ist raus«, in: *Süddeutsche Zeitung*, 28. 2. 1996.

»Mozarts Todeskrankheit: Symptomatik einer finalen Urämie«, in: *Deutsches Ärzteblatt*, Heft 8 und 9 vom 19. /26. Februar 1981.

»Mythos schlägt Wahrheit«, in: *Der Spiegel*, 22. 11. 1993.

»Neue Monroe-Biographie: Ließen die Kennedys sie ermorden?«, in: *Welt am Sonntag*, 28. 4. 1996.

»Neue Rätsel um den Tod des 33-Tage-Papstes«, in: *Süddeutsche Zeitung*, 9. 1. 1991.

»Neue Spuren in Blut und Urin«, in: *Der Spiegel*, 28. 8. 1995.

»Nicht Gift noch Tbc – Mozart starb am Schädeltrauma«, in: *Welt am Sonntag*, 20. März 1994.

»Olof Palmes Killer kamen vom Kap«, in: *Die Tageszeitung*, 30. 9. 1996.
OLLE, WERNER (Hg.): *Einführung in die internationale Gewerkschaftspolitik*, Berlin 1978.

»Papst doch ermordet?«, in: *Hamburger Abendblatt*, 1. 10. 1994.

»Rätsel um den Zarenmord«, in: *Die Welt*, 1. 4. 1995.
»Ray rettet seinen Kopf«, in: *Hamburger Abendblatt*, 12. 3. 1969.
»Ray soll zu Schuldbekenntnis gedrängt worden sein«, in: *Süddeutsche Zeitung*, 28. 10. 1974.
»Recreating a Disaster: FBI Details How It Arrived at Its TWA Verdict«, in: *International Herald Tribune*, 20. 11. 1997.
»Re-creating Flight 800's Final Seconds«, in: *Newsweek*, 1. 12. 1997.
RETYI, ANDREAS VON, *Geheimbasis Area 51*, Rottenburg 1998.
ROBBINS, H. C.: *1791 – Mozarts letztes Jahr*, Claassen Verlag 1988.

»Salieris Schweigen«, in: *Frankfurter Allgemeine Zeitung*, 22. April 1995.
»Schönster Krimi aller Zeiten«, in: *Der Spiegel*, 25. 11. 1996.
»›Sie kriegen mich nicht klein‹, sagt der Mann, der Dr. King erschoß«, in: *Die Welt*, 23. 7. 1984.
»Sollen in Italien andere Normen gelten?«, in: *Der Spiegel*, 18/1978.
»Spur Nr. 6 blieb ein Geheimnis«, in: *Der Spiegel*, 11/1980.
»Stammheim intern«, in: *Stern*, 45/1977.
»Suchen Sie eine Version aus«, in: *Der Spiegel*, 17. 4. 1995.
»Suicide Action«, in: *Der Spiegel*, 50/1990.

»Titanic – Der ewige Mythos«, in: *Geo*, 12/1997.
»Todesschuß mit spätem Echo«, in: *Süddeutsche Zeitung*, 13. 1. 1976.
»Traumland des Todes«, in: *Der Spiegel*, 17. 4. 1995.

»Untergang der ›Estonia‹ – Meyer-Werft wehrt sich«, in: *Hamburger Abendblatt*, 4. 12. 1997.
UTHMANN, JÖRG VON, *Attentat*, Berlin 1998.
»Uwe Barschel: Mitschuldig oder rehabilitiert?«, in: *Focus*, 6. 11. 1995.

»Versteckt sich Gracias angeblicher Mörder in Monaco?«, in: *Das Neue*, 25. 2. 1985.

Voss, Joachim: *Die Gewerkschaftsbewegung in den USA*, Köln 1980.

»War der Mörder das einzige Opfer?«, in: *Bunte*, 15/1982.

»War es Selbstmord – oder vielleicht doch Mord? Vermutungen über den Tod Ludwigs II., des bayerischen Märchenkönigs«, in: *Berliner Zeitung*, 12. 9. 1992.

»Wahrheit wird vertuscht«, in: *Stern*, 24. 4. 1997.

»War sie Anastasia oder eine Lügnerin?«, in: *Frankfurter Rundschau*, 25. 6. 1994.

Wasser, Helmut: *USA – Politik, Wirtschaft, Gesellschaft*, Opladen 1991.

»Was wußte John Kelly vom Tod der Fürstin Gracia?«, in: *Bild am Sonntag*, 24. 3. 1985.

»Wer erschoß Jimmy H.?«, in: *Playboy*, 11/1989.

»Wer erschoß Martin Luther King?«, in: *Der Spiegel*, 3. 3. 1997.

»Wer macht mit beim Palme-Mörder-Suchspiel?«, in: *Süddeutsche Zeitung*, 5./6. 10. 1996.

»Wer vergiftete Mozart?«, in: *Die Zeit*, 9. Oktober 1987.

»Wettlauf um die Wahrheit«, in: *Süddeutsche Zeitung*, 15. Oktober 1994.

»What Really Happened?«, in: *Newsweek*, 21. 7. 1997.

»Whisky und K.o.-Tropfen«, in: *Stern*, 31. 8. 1995.

»Wider die Fabel vom Adel des Kaspar Hauser«, in: *Süddeutsche Zeitung*, 11. 2. 1984.

»Wo Moro angeblich mit seinen Parteifreunden abrechnete«, in: *Frankfurter Rundschau*, 11. 10. 1978.

»Wurde Diana doch ermordet?«, in: *Bild am Sonntag*, 2. 11. 1997.

»Wurde Fürstin Gracia Patricia von Mafia gekillt?«, in: *BZ*, 23. 4. 1993.

»Wurde Gracia ermordet, weil sie von krummen Millionengeschäften wußte?«, in: *Die Aktuelle*, 25. 2. 1985.

»Wurde Mozart doch vergiftet?«, in: *Frankfurter Allgemeine Zeitung*, 12. Juli 1986.

»Wurde Mozart ermordet?«, in: *Welt am Sonntag*, 11. Oktober 1970.

Yallop, David A.: *Im Namen Gottes? Der mysteriöse Tod des 33-Tage-Papstes Johannes Paul I. – Tatsachen und Hintergründe*, München 1984.

»Zeugen wollen weißes Auto nach dem Unfall in Paris gesehen haben«, in: *Frankfurter Allgemeine Zeitung*, 2. 1. 1998.

Neue Dimensionen